NEO MINDFULNESS

Copyright© 2020 by Literare Books International Ltda.
Todos os direitos desta edição são reservados à Literare Books International

Presidente:
Mauricio Sita

Vice-presidente:
Alessandra Ksenhuck

Capa:
Julyana Rosa e LinkBrand (arte da capa)

Diagramação do miolo:
Candido Ferreira Jr

Revisão:
Giuliana Castorino

Diretora executiva:
Julyana Rosa

Diretora de projetos:
Gleide Santos

Gerente de marketing e desenvolvimento de negócios:
Horacio Corral

Relacionamento com o cliente:
Claudia Pires

Impressão:
Noschang

Dados Internacionais de Catalogação na Publicação (CIP)
(Câmara Brasileira do Livro, SP, BRASIL)

Sita, Mauricio
Neomindfulness : para uma vida mais longa,
tranquila, produtiva e feliz / Mauricio Sita. --
São Paulo :Literare Books International, 2016.

ISBN 978-65-86939-14-9

1. Literatura de não-ficção. 2. Conduta de vida 3. Corpo e
mente 4. Equilíbrio 5. Estresse 6. Meditação
7. Qualidade de vida 8. Mudança (Psicologia)
9. Relaxamento I. Título.

14-05334   CDD-158.1

Índices para catálogo sistemático:
1. Neomindfulness : Psicologia aplicada 158.1

Literare Books International
Rua Antônio Augusto Covello, 472 – Vila Mariana – São Paulo, SP – CEP 01550-060
Fone/fax: (0**11) 2659-0968
Site: www.literarebooks.com.br   e-mail: contato@literarebooks.com.br

Em ciência, a gente é muitas vezes forçado a escolher entre dar respostas precisas a perguntas tolas: quantos cones existem num olho humano? Ou respostas vagas a grandes perguntas: qual a verdadeira natureza do Eu?

V. S. Ramachandran.

Palavras iniciais

Em nossa vida corrida e atribulada de hoje, ficou "natural" esquecer de fazer coisas que nos interessam e perder de vista o que é importante para o nosso "Eu".

Pequenas coisas fazem a diferença.

Você tem parado pelas ruas para admirar as árvores floridas?

Tem procurado o arco-íris nos dias de sol e chuva?

Observado o encantamento das crianças a cada nova experiência vivida com um novo brinquedo?

E a lua? As estrelas? Tem olhado para cima para identificar aquelas constelações que costumava admirar quando era criança?

Quantas vezes você parou, nos últimos 12 meses, para observar o verdadeiro e gratuito show que é o pôr do sol?

Nem vou perguntar quantas vezes deu flores à pessoa amada. Quantos jantares exclusivos e "festivos" lhe preparou, e com quantas viagens, mesmo que curtas, a surpreendeu?

Você está sempre correndo atrás de recuperar o prejuízo?

Tem dedicado tempo aos seus amigos? Quando pergunta a eles "como vai?", você se preocupa, de fato, com a resposta?

Ao deitar para dormir, consegue fazer um acordo com o sono? Ou os assuntos do dia ficam saltitantes na sua mente? Na cama, fica pensando como irá resolver os problemas do dia seguinte?

Se você não é muito diferente de mim, suas respostas a essas perguntas o reprovarão.

Pois é... quando você nasceu, o universo começou a tocar uma música exclusiva para você dançar. Uma música somente sua.

Mas acalme-se, e não dance tão depressa. Diminua o ritmo. Sinta a música na alma e fique feliz com ela. Porque o tempo voa.

Aproveite ao máximo a sua viagem, pois a chegada ao destino pode ser frustrante. E isso faz parte da música da vida.

Então diminua o passo, e lembre-se: não dance tão depressa. Deixe a música fluir, fluir indeterminadamente... sinta seus preciosos acordes ecoarem na sua alma e fique feliz com ela, pois um dia ela vai parar de tocar. Porque o tempo voa.

Alguma pessoa muito especial morreu e você ficou especialmente triste por não ter tido tempo de lhe dizer aquelas coisas que julgava serem tão importantes? Ou por não lhe ter dedicado mais do seu tempo, um pouquinho a mais que fosse?

Você já fantasiou visitar um lugar maravilhoso e, ao finalmente chegar lá, se decepcionou porque na sua imaginação era tudo mais bonito?

Não dance tão depressa. Diminua o ritmo.

Sinta a música dentro da sua alma e fique feliz. Ela é exclusiva para você. Exclusiva.

Você já ficou muito bem apenas pelo fato de ter feito alguém feliz? Já se sentiu recompensado pela felicidade que propiciou à pessoa amada? Não? Que pena. Parece que você tem curtido pouco a vida.

Não dance tão depressa. Diminua o ritmo.

Sinta a música dentro da alma e fique feliz... pois um dia ela vai parar de tocar. O tempo voa e você achará que tudo passou depressa demais.

Muita gente já disse: "mais vale a viagem que o destino".

Curta bastante a sua viagem pelo mundo. Muito mesmo.

O destino, a parada final, todos nós já sabemos qual é.

E quando você chegar lá, a sua música vai parar de tocar. E então não poderá mais dançar. Para que ter pressa?

Perguntaram certa vez ao Dalai Lama:

– O que mais o surpreende na humanidade?

E ele respondeu:

– Os homens... porque perdem a saúde para juntar dinheiro, depois perdem dinheiro para recuperar a saúde. E por pensarem ansiosamente no futuro, se esquecem do presente de tal forma que acabam por não viver nem o presente nem o futuro. E vivem como se nunca fossem morrer... e morrem como se nunca tivessem vivido.

Bem-vindo a este novo encontro com você, com o seu "Eu".

Bem-vindo ao *Neomindfulness*®: um novo equilíbrio na sua vida.

Mauricio Sita

DESCUBRA TAMBÉM O NEOMINDFULNESS® ONLINE! ACESSE O QR ABAIXO.

SUMÁRIO

Considerações gerais

- O que é o *Neomindfulness*®
- Um toque de resiliência
- O "pulo do gato" do *Neomindfulness*®
- O que é a mente
- É possível aprender a controlar a mente e ser o dono das próprias ações
- Exijo o meu "direito" de me aperfeiçoar
- "Conhece-te a ti mesmo"
- A hora de despertar
- Renascimento
- As escolas iniciáticas, religiões, seitas e métodos do autoconhecimento e autodesenvolvimento

O livro do estresse

- Evitando ou controlando as doenças da vida moderna
- Estresso-me, logo existo (Nasci estressado?)
- Afinal, o que é o estresse?
- Os efeitos do estresse
- Quando o estresse causa doenças
- Comportamento típico dos estressados
- Identificando o estressado
- Fatores que desencadeiam o estresse
- Outros desestabilizadores do equilíbrio físico-mental
- Alimentação errada
- Sedentarismo
- Respiração errada e insuficiente
- Vamos às boas notícias
- Controlando e eliminando o estresse

- A essência do *Treinamento Autógeno* (TA)
- O TA e a psicanálise

O livro da resiliência

- O que é resiliência?
- Resiliência: o fogo que queima também pode transformar
- Ícones da resiliência
- Como desenvolver a resiliência?
- Síndrome de *Burnout*
- Filmes da mente e formulação de objetivos
- Como desenvolver a resiliência por meio dos filmes da mente
- Formulação de objetivos

O livro da meditação

- Entendendo a meditação
- A meditação e sua origem
- A meditação nas diversas religiões
- Neurofisiologia da meditação
- Os estados alterados de consciência e as ondas cerebrais
- A importância do entendimento das faixas de ondas cerebrais
- Treinando a mente
- O que é *Mindfulness* e o quarto estado de consciência

O livro dos exercícios

- Exercícios do *Neomindfulness*®
- Exercícios matinais
- Exercícios diurnos
- Exercícios noturnos
- Exercícios de preparação - body scan

- Exercícios de relaxamento e meditação
- A sequência para a realização dos exercícios

Primeira semana de prática do Neomindfulness®

- Primeiro passo: vivência da respiração
- Meditação
- Como criar "filmes" para o seu dia
- Fazendo o retrocesso, voltando ao "normal"

Segunda semana de prática do Neomindfulness®

- Segundo passo: vivência da sensação do peso dos braços
- Fórmula mental para a realização dos exercícios do segundo passo
- Meditação
- Criar um filme da mente para o seu dia e fazer o retrocesso

Terceira semana de prática do Neomindfulness®

- Terceiro passo: vivência da sensação do peso das pernas e do corpo
- Fórmula mental para a realização dos exercícios do terceiro passo
- Meditação
- Criar um filme da mente para o seu dia e fazer o retrocesso

Quarta semana de prática do Neomindfulness®

- Quarto passo: vivência do calor corporal
- Fórmula mental para a realização dos exercícios do quarto passo

- Meditação
- Criar um filme da mente para o seu dia e fazer o retrocesso

Quinta semana de prática do Neomindfulness®

- Quinto passo: vivência dos batimentos cardíacos
- Fórmula mental para a realização dos exercícios do quinto passo
- Meditação
- Criar um filme da mente para o seu dia e fazer o retrocesso

Sexta semana de prática do Neomindfulness®

- Sexto passo: vivência do calor abdominal
- Fórmula mental para a realização dos exercícios do sexto passo
- Meditação
- Criar um filme da mente para o seu dia e fazer o retrocesso

Sétima semana de prática do Neomindfulness®

- Sétimo passo: vivência da sensação da testa agradavelmente fria
- Fórmula mental para a realização dos exercícios do sétimo passo
- Meditação
- Criar um filme da mente para o seu dia e fazer o retrocesso
- Condicionamento e meditação
- Praticando o *Neomindfulness*®

Considerações Gerais

O que é o Neomindfulness®

O segredo da saúde, mental e corporal, está em não se lamentar pelo passado, não se preocupar com o futuro, nem se adiantar aos problemas, mas viver sábia e seriamente o presente.

Buda

O *Neomindfulness®* é o treinamento que resulta no equilíbrio entre a mente e o corpo, e que muda para melhor os padrões de bem-estar e de qualidade de vida. Proporciona o desenvolvimento pessoal, o crescimento interior, a eliminação do estresse e de outras "doenças da vida moderna", melhoria da *performance* no trabalho e, principalmente, abre caminhos para a felicidade plena.

É um método completo de relaxamento e meditação que se aproveita das alterações dos estados de consciência, para, de forma gradativa e natural, possibilitar o desenvolvimento da resiliência e a normalização dos processos físicos, mentais e emocionais que ficaram alterados pelo estresse, pelo aumento da pressão sanguínea e por outras razões que desequilibram a química do corpo, perturbando o estado de espírito.

Mais do que explorar apenas os fundamentos da meditação tradicional, o *Neomindfulness®* se vale do conceito mais avançado de *mindfulness* que representa melhor o Estado de Atenção Plena (EAP) que o *Neomindfulness®* pode propiciar.

Hoje, com a utilização do eletroencefalograma, e a possibilidade do mapeamento cerebral por imagem (imageamento cerebral), os aspectos neurológicos e a função cerebral, associados aos estados meditativos, são amplamente explorados e cientificamente comprovados.

Chamada nos centros de estudos mais desenvolvidos de Estado de Atenção Plena (*mindfulness*), a meditação é um procedimento que se utiliza de alguma técnica específica, claramente definida (que no nosso caso é o *Neomindfulness®*), e que resulta em um estado alterado de consciência, por meio do relaxamento muscular e da abstração da mente. Para Jon Kabat-Zinn, "Mindfulness é simplesmente estar presente" e sair do piloto automático.

Mindfulness é a inibição voluntária das modificações da mente, uma vez que é um estado necessariamente autoinduzido.

Essa modificação do estado de consciência, resultante das alterações das ondas cerebrais, é passível de análises eletroencefalográficas e por técnicas de imageamento encefálico.

A justificativa para a criação do *Neomindfulness®* está na necessidade que senti de ocidentalizar os ensinamentos orientais, tornando-os mais acessíveis e de fácil assimilação.

Assim como os orientais, nós, ocidentais, necessitamos da introspecção, da meditação, do conhecimento interior, do descobrimento do "Eu", para nos conhecermos profundamente, chegarmos à homeostase[1] (equilíbrio no organismo ou estabilidade fisiológica, apesar das alterações exteriores) e atingirmos aquilo que chamo de *renascimento*.

Nós, ocidentais, não nos sentimos muito à vontade com a ideia de passarmos horas a fio entoando mantras ou ficando em posições aparentemente desconfortáveis para meditar.

Mesmo as posições de lótus e semilótus, as mais conhecidas como símbolos da meditação, são fisicamente desconfortáveis para os ocidentais. E sem conforto ninguém consegue meditar. Tais práticas são muito naturais na cultura oriental.

Praticar Yoga é muito mais difícil para nós do que para eles. Não possuímos, naturalmente, a disciplina oriental. Boa parte dos que entram para cursos de Yoga os frequentam por pouco tempo. O mesmo acontece com as pessoas que adotam novos cultos, seitas ou religiões como a Cientologia (a "religião das estrelas", tais como John Travolta, Tom Cruise, Juliette Lewis, Anne Archer e Lisa-Marie Presley).

---

[1] Homeostasia (homeostasis) é um termo criado pelo fisiologista norte-americano Walter Bradford Cannon (1871-1945), expandindo a conceituação criada pelo fisiologista francês Claude Bernard (1813-1878), que definiu o termo "milieu intérieur" (ambiente interno).

Durante vários meses o nosso Tim Maia se aprofundou na Cultura Racional e mudou completamente seu estilo de vida, compôs músicas diferentes, abandonou a bebida e as drogas. Tudo isso, por pouco tempo, apesar da plena identificação inicial.

Até as pessoas que concluem cursos de meditação, meditação transcendental, e outros similares, apesar dos ótimos resultados obtidos com essas práticas, têm um baixo índice de continuidade, e, em pouco tempo, deixam de praticar a meditação.

Geralmente, as pessoas que ingressam em novas religiões, cultos, seitas etc., as praticam com grande entusiasmo inicial, mesmo porque a maioria das propostas são coerentes, bem embasadas e "fazem sentido". Contudo, diante de grandes diferenças culturais, o estímulo inicial logo se esvai. A participação é interrompida e resta apenas a frustração de quem começa algo que "pode mudar sua vida" e não possui força de vontade suficiente para ir até o fim.

No entanto, não é bem isso o que acontece. Nós, ocidentais, temos extrema dificuldade em começar do zero o entendimento de uma nova cultura totalmente diferente e estranha em muitos aspectos.

E porque temos todos a nossa "zona de conforto", encontramos dificuldade em mudar hábitos culturais já arraigados. Nem mesmo a nossa alimentação conseguimos mudar com facilidade, por mais convencidos estejamos de que determinados alimentos são mais saudáveis, proporcionem maior força e mais disposição, e que outros são altamente prejudiciais.

O *Neomindfulness®* permite a nós, ocidentais, atingirmos os mesmos resultados benéficos que os orientais alcançam com as práticas da meditação, o Yoga etc.

Mas é importante dizer que o *Neomindfulness®* não é uma religião, e não tentarei cooptá-lo para nenhuma nova seita.

Meu método é fundamentado na *ciência*, e utilizo conceitos da física quântica, bem como fundamentos da neurociência, da psicologia, da filosofia, da programação neurolinguística e da neurofisiologia da meditação. Contudo, apesar de isso soar técnico e inacessível demais, elaborei minhas técnicas de treinamento, *body scan* e condicionamento da mente de forma a serem facilmente compreensíveis e de fácil execução para todos.

Praticando o *Neomindfulness®* você conseguirá alterar o seu estado de consciência chegando ao *mindfulness*.

Entenderá melhor como isso ocorre ao ler o capítulo em que falamos sobre as ondas cerebrais, que são medidas pelo eletroencefalograma, ou seja: estou falando de ciência.

O *Neomindfulness®* resulta em um processo completo de crescimento e desenvolvimento pessoal, de estabilidade emocional, de prevenção a algumas doenças, cura de outras, e, principalmente, em mudanças para melhorar o seu bem-estar.

Desde que iniciei meus estudos de psicanálise e de hipnose, há mais de trinta anos, e que alcancei a formação em Treinamento Autógeno, pesquisei e estudei com afinco os fundamentos científicos e comportamentais das diversas culturas, de diversas práticas, tanto as orientais como as ocidentais, que se utilizam de técnicas para que o homem passe a se conhecer melhor e a controlar a mente. O *Neomindfulness®* é o resultado desses anos de pesquisas, estudos e muita prática.

Como disse, utilizo os conceitos básicos do Treinamento Autógeno (TA), pois ele permite uma autocomutação que nos leva rapidamente a estágios profundos de relaxamento.

Fiz algumas alterações na sequência e na essência de alguns dos exercícios propostos pelo seu criador, J. Schultz. Uma delas já havia sido comentada como plausível no livro *Prática do Treinamento Autógeno e Equilíbrio Psicotônico*, de Cesário M. Hosri, que foi o grande difusor do TA no Brasil, e com quem tive a honra de estudar e aprender tais técnicas.

E, para que sejamos cada vez mais tolerantes e flexíveis ante as adversidades – que sem dúvida continuarão a existir – adicionei ao conjunto os meus conhecimentos sobre resiliência, que contêm outros mecanismos extraordinários na prevenção do estresse e principalmente do *burnout*.

E, para que fosse aceito, compreendido e praticado pelos ocidentais, inclusive por você, o *Neomindfulness*® também teria de ser extremamente simples, de fácil realização, e com benefícios rapidamente perceptíveis e duradouros.

O *Neomindfulness*® atende a todas as necessidades de quem está ativo no mercado de trabalho e no mundo empresarial, principalmente por sua eficácia contra o estresse.

Você perceberá que, ao propor técnicas diferentes das já utilizadas, não indico nem comento os pontos negativos ou superficiais das demais práticas que mencionei anteriormente. Isso porque criticar os demais métodos não agrega qualquer valor à proposta do *Neomindfulness*® – o que faz isso é o muito que pesquisei e estudei sobre tudo que há por aí no âmbito da meditação, do relaxamento e da "elevação" do ser humano.

Assim, por meio de análises científicas, criei o *Neomindfulness*®, método que engloba tudo aquilo de que necessitamos para alcançarmos a homeostase, deixando de lado o que poderia ser considerado irrelevante e demasiadamente divergente do ambiente cultural ocidental a que estamos habituados.

Sem dúvida, um dos maiores ensinamentos que podemos assimilar para vivermos uma vida melhor é aprendermos a valorizar aquilo que nos agrega benefícios, que nos engrandece e, ao mesmo tempo, que nos permite sentir a leveza de alma, deixando de lado tudo o que não tem relevância. Veja bem: por vezes, algo que nos faz sofrer momentaneamente pode, se trabalhado da forma adequada, nos tornar pessoas melhores amanhã. Da mesma forma, algo que nos proporciona um bem-estar passageiro pode, na verdade, terminar por nos prejudicar. A chave está na busca pelo equilíbrio entre o corpo e a mente.

E, mais que tudo isso, o *Neomindfulness*® é um método completo, pois partimos da respiração, que é "energia de vida", e exercitamos o relaxamento da mente e do corpo. Uma vez relaxados, praticamos uma meditação simples e fácil, sem mantras, sem foco em objetos, e que proporciona excelentes resultados.

Após o relaxamento e a meditação matinal, o *Neomindfulness*® energiza e prepara você para um daqueles dias de trabalho duro, a que, na vida moderna, estamos todos cada vez mais sujeitos.

Você pode utilizar *Neomindfulness*® durante o dia, até mesmo no trânsito, para buscar relaxamento quando sentir necessidade. E, à noite, relaxará para dormir mais rapidamente e desfrutar de um sono mais tranquilo, profundo e reparador.

Finalizo destacando que a prática do *Neomindfulness*® é extremamente simples, principalmente em razão da autocomutação, ou seja, depois que sua mente estiver condicionada, atingirá o relaxamento profundo de imediato. Bom, não é?

Um toque de resiliência

O *Neomindfulness*® propõe o uso de "fórmulas verbais" e de "filmes da mente" como meios do desenvolvimento da resiliência, para poder enfrentar o dia a dia profissional, com absoluto controle do estresse.

Os setores de Recursos Humanos das empresas mais avançadas do mundo têm focado a resiliência como uma das mais importantes competências que as pessoas devem apresentar nos processos de seleção. Os pouco resilientes não são contratados. A resiliência ajuda também nos relacionamentos amorosos, familiares e sociais.

O *Neomindfulness*® dá ao seu praticante todos os benefícios das milenares escolas orientais e atende às demandas da nossa estressante sociedade ocidental.

Neste livro, você encontrará capítulos sobre resiliência e *burnout*, com informações suficientes para absorver a essência dos conhecimentos.

O pulo do gato do Neomindfulness®

Se você executar corretamente os exercícios do *Neomindfulness*® poderá atingir um estágio tal de condicionamento que, em pouco tempo, apenas com o uso de uma frase-âncora, entrará em estado de pleno relaxamento. Isso permitirá que você descanse ao longo do dia, seja trabalhando, se divertindo, dirigindo seu carro ou viajando. Você passará a dormir com facilidade durante a noite, tendo sonos realmente reparadores.

O "pulo do gato" é o condicionamento da mente e a frase-âncora, que resultam na autocomutação.

Com a prática do *Neomindfulness®*, você vai se condicionar a entrar em relaxamento profundo, alterando as ondas cerebrais e ficando no Estado de Atenção Plena (*Mindfulness*).

Se quiser relaxar e meditar para começar o dia, você se energizará e terá força e tranquilidade para enfrentar um novo dia de trabalho, com todos os desafios.

Se o objetivo é relaxar para dormir, um ritual simples de respiração, que não dura mais que 30 segundos, aliado ao uso da "frase-âncora", permitirá a autocomutação. Você entrará em relaxamento profundo e dormirá rapidamente.

Isso é algo que considero importante e interessante para nós, ocidentais. Atingir a homeostase, o Estado de Atenção Plena, a transcendência que nos leva ao quarto estado de consciência e até ao nirvana, por meio de processos simples e fáceis de relaxamento e meditação.

Você perceberá que eu repito, em diversos capítulos, alguns conceitos e resultados proporcionados pelo *Neomindfulness®*. Isso é proposital, uma vez que é essa técnica de reforço que permite a fixação dos pontos mais importantes.

O que é a mente

Eu não sou um lógico, sou um existencialista. Acredito nesse belo caos da existência e estou pronto para ir aonde quer que ela vá. *Não tenho uma meta, porque a existência não possui uma meta. Ela simplesmente é, florescendo, brotando, dançando – mas não pergunte por quê. Apenas um transbordamento de energia, sem motivo algum. Estou com a existência.*

Osho

Para a física quântica, a mente é uma energia, e está presente no universo assim como as demais energias.

Ao nascermos e até mesmo durante o período final da gestação, a energia, essa mente cósmica, invade o nosso corpo e ativa o nosso cérebro.

A mente é a nossa parte não física. Para simplificar, podemos dizer que mente e alma são a mesma coisa. O mais interessante é que a única parte não física que possuímos (ou que nos possui) é precisamente a responsável pela existência do Eu.[2]

O Eu real, o Eu mental, só existe enquanto estamos vivos.

Não se pode, contudo, confundir *cérebro* com *mente*.

O cérebro é um órgão físico, exatamente como os demais órgãos do nosso corpo. Ele, por si só, não possui "vida". É a mente que faz o cérebro funcionar.

O cérebro, por sua vez, faz a conexão da mente com o corpo. Mas tanto cérebro quanto corpo são instrumentos da mente.

É a mente que, por meio do cérebro e dos órgãos sensoriais, comanda tudo. Ela sente prazer e dor. A mente vê, ouve, sente frio e calor, prazer e desprazer, cheiros bons e ruins. A mente pensa, imagina, sonha, ama, raciocina, analisa, julga, conclui. A mente nos dá a consciência.

Enquanto o corpo, inclusive o seu órgão cerebral, envelhece e tende a morrer aos poucos, a mente cresce com a maturidade e se expande.

Muitas pessoas, que foram esportistas profissionais, quando mais velhas, não conseguem praticar seu esporte preferido, porque o corpo já não responde como antes, dado o seu natural desgaste. Entretanto, mentalmente, elas têm uma "visão de jogo" muito melhor do que quando eram jovens e estavam no auge de suas carreiras. O mesmo processo se dá em muitas outras profissões e situações.

---

[2] Não se pretende entrar em discussões sobre origem e o destino da alma. Mas vou tratar de coisas importantes nessa área.

Médicos cirurgiões, com o passar do tempo, adquirem mais conhecimentos teóricos. Tornam-se ótimos mestres, mas na maioria das vezes têm de abandonar a atividade cirúrgica, pois suas mãos já não obedecem a mente.

Os motoristas de mais idade, e que dirigem automóveis há décadas, estão mais preparados que os mais jovens para enfrentar os perigos do trânsito. Seu desempenho na direção, contudo, vai se debilitando, porque o corpo não tem a mesma agilidade de resposta dos mais jovens.

Em compensação, a história registra muitos exemplos de pessoas que tiveram algum tipo de limitação física, mas que continuaram produzindo muito intelectualmente.

A mente comanda tudo. Um faquir não sente dor, porque consegue afastar a mente, que, por meio do cérebro, interpreta a sensação de dor recebida pelos sensores nervosos existentes no corpo.

Schultz relata casos de pessoas que, por meio do Treinamento Autógeno, submetiam-se a intervenções cirúrgicas, na boca e em outras partes do corpo, sem necessidade de anestesia química.

A mente evita sentir dor, cura, anima e "levanta", leva ao sucesso e à felicidade, mas, quando desequilibrada, sem harmonia com o corpo, provoca perturbações de toda ordem, instabilidade emocional, infelicidade e até mesmo graves doenças.

É possível aprender a controlar a mente e ser o dono das ações

A mente tem energia própria. Ela é. Enquanto estamos vivos, ela existe. Não depende de energia externa para ser ativada, uma vez que *mente é energia* e, mais que isso, *ela se autoenergiza*.

Os próprios especialistas em motivação sabem que podem "mexer" com a mente das pessoas, mas que o que realmente pode transformá-la é a automotivação.

Para a física quântica somos seres, objetos de energia, com a mesma constituição atômica que possuem todas as coisas do universo, como a água do mar, as pedras e a terra em que pisamos. Todos somos feitos de átomos, que, em última análise, são também energia. A diferença está na constituição física, e, claro, na existência ou não da mente.

Os objetos inanimados não têm mente, e por isso não têm consciência da sua existência. Apesar da base atômica da pedra ser igual a das pessoas, ela existe, mas não sabe que existe.

Nós, humanos, temos absoluta consciência da nossa existência, porque a nossa mente nos dá esse privilégio. E entender o funcionamento da mente nos leva a poder controlá-la.

Não se trata de discutir se nós, humanos, controlamos a nossa mente, ou se é ela que nos faz despertar e nos leva a esse controle. Tal discussão seria inócua e até um tanto quanto paranoica. Mas tais indagações merecem respeito: o importante é que nós somos um todo, corpo e mente, e o equilíbrio entre ambos é que resulta em uma vida plena e feliz.

Estou tratando por enquanto apenas da mente consciente. Mas durante – e após – os exercícios do *Neomindfulness®*, por meio do relaxamento e da meditação, você poderá acessar muitas áreas de conflito, provocadas pelo subconsciente. Basta você interpretá-las para poder resolver a maioria delas.

O relaxamento profundo, por si só, contribuirá para o alívio da pressão causada pelos conflitos – que todos nós, em maior ou menor número, possuímos.[3]

Um melhor entendimento da mente consciente poderá interferir na mente subconsciente e inconsciente, e, consequentemente,

---

[3] No entanto, para pessoas que se sentem realmente perturbadas pela existência desses conflitos subconscientes, minha firme recomendação é de que procurem o auxílio de um psicoterapeuta. O propósito do *Neomindfulness* é levar as pessoas que não apresentam sérios transtornos da mente a um equilíbrio holístico, e não o de substituir as terapias, que em determinadas situações, de fato, são a solução mais indicada.

contribuir para o tão almejado equilíbrio que nos aproxima do nosso verdadeiro Eu.

Os yoges chamam o nosso "Eu real" de *mente superconsciente*. É o nosso Eu equilibrado, livre de transtornos e impurezas, e pleno de paz e felicidade.

Eu busco permanentemente o encontro com esse meu Eu. E você? Por isso estou convidando-o, por meio do *Neomindfulness®*, a beber da fonte da eterna juventude mental, da fonte da alegria e da paz, ou seja, da fonte da felicidade.

O Eu real é o todo mental, ou seja, é muito maior que o Ego, que faz parte da divisão tripartite da personalidade proposta por Freud, que por meio do Id, Ego e Superego buscava explicações para o funcionamento do consciente, subconsciente e inconsciente.

Por meio do *Neomindfulness®* lidamos muito com o Ego, e isso vai desenvolver o Superego, que, por sua vez, nos tornará controladores do Id.

Marcello Danucalov e Roberto Simões afirmam, no livro *Neurofisiologia da Meditação*, que "o Ego é a soma total dos pensamentos, ideias, sentimentos, lembranças e percepções sensoriais. É a parte mais superficial do indivíduo, a qual, modificada e tornada consciente, tem por funções a comprovação da realidade e a aceitação, mediante seleção e controle de parte dos desejos e exigências procedentes dos impulsos que emanam do indivíduo (memória)".

Usando outras linguagens, todos os demais discípulos de Freud, bem como os novos cientistas e pesquisadores da psicanálise, preocuparam-se em conhecer a mente e explicar o seu funcionamento. Se você quiser saber mais a respeito, há farta literatura disponível.

A mente subconsciente é a grande responsável pelo surgimento de conflitos a que somos submetidos. Basta a frustração de uma expectativa para que a nossa mente consciente entre em estado de alerta, de perturbação e de conflito.

O aumento dos níveis de conflitos e de perturbação pode resultar em muitas das chamadas "doenças da vida moderna". São doenças em que não há um agente causador, como os vírus ou as bactérias, mas sim elementos desencadeadores que ocasionam o desequilíbrio psicossomático.

Exijo meu "direito" de me aperfeiçoar

Ora, nós, ocidentais, temos o mesmo "direito" dos orientais, de nos conhecermos melhor interiormente, e de conseguirmos entender e dominar a nossa mente.

Há milênios os orientais atingem a "iluminação" pelos ensinamentos Zen. A *iluminação* (ou *emancipação*) no Zen é a ausência de limites entre a mente e o corpo.

Os estados de homeostase, o nirvana e a iluminação são alcançados pelos orientais por meio das práticas mais conhecidas hoje como meditação, Yoga, Budismo, Taoísmo etc.

Homeostase é o equilíbrio dinâmico que pode ser estabelecido dentro dos organismos vivos. É dinâmico, pois mente e corpo se esforçam para compensar as áreas desequilibradas.

Os organismos vivos têm sempre a tendência de voltarem ao seu ponto de equilíbrio, mas nós, seres humanos, fazemos de tudo para nos desequilibrar.

O desequilíbrio ocorre por causa da comida, do fumo, da bebida, das drogas, do estresse, dos pensamentos negativos e mal-humorados, do estilo de vida etc.

Vamos a um exemplo dos desequilíbrios que nós mesmos causamos, e que dificultam a homeostase? Falemos sobre *comida*. Imagine que, muitas vezes, ingerimos, em excesso, uma feijoada completa. Vamos a churrascos e nos empanturramos com carnes gordas. Comemos uma grande variedade de alimentos industrializados, gordurosos e com aditivos químicos. Eles são prejudiciais à saúde e à nossa boa disposição. Além disso, são alimentos "pesados", dão um grande cansaço após a refeição, pois são de difícil digestão. Tudo isso é ingerido quase sempre com bebidas, como cerveja e refrigerantes gelados, que prejudicam ainda mais a digestão, uma vez que solidificam a gordura no nosso estômago.

Por sua vez, corpo e mente em homeostase têm um extraordinário poder de cura e uma notável capacidade de resistir a agressões de toda ordem. Uma pessoa em homeostase sabe o que é o prazer de viver. Ela está em melhores condições de ser feliz.

Nirvana é um conceito básico da religião budista e é a meta máxima da prática espiritual dos seus seguidores. "O nirvana é um estado de paz e tranquilidade alcançado por meio da sabedoria", diz a monja Coen Murayama, da Comunidade Zen-Budista de São Paulo. Nirvana é o ponto mais alto de meditação, no qual o espírito pode até se libertar do corpo temporariamente.

E para nós, ocidentais, que não possuímos essa base cultural milenar, conseguirmos alcançar algum estágio de autoconhecimento, passamos a depender da psicanálise, criada há apenas cerca de 100 anos.

Vale registrar que há indivíduos que atingem estados de equilíbrio mental, por meio de práticas religiosas. Outros têm conhecimento de si com o estudo da filosofia ou da literatura.

A verdade é que nenhum desses caminhos oferecidos aos ocidentais possuem o objetivo de conduzir à unidade entre a mente e o corpo. Pior do que isso, não há nada disponível na nossa cultura que nos coloque em harmonia com as pessoas que nos cercam. Isso impede uma interferência positiva e construtiva no nosso microcosmo, interferência essa que, num processo de soma e desdobramento, poderia levar à melhoria gradativa do mundo como um todo.

Algumas escolas iniciáticas falam da formação de uma egrégora. Egrégoras são "entidades" que se formam com a força da mente. Os pensamentos que se unem e se somam ao longo de décadas, um dia poderão ter a força de uma egrégora, e consequentemente interferir no mundo a ponto de alterá-lo. Trata-se da criação de um inconsciente coletivo positivo. Estudos da *Meditação Transcendental* (MT) demonstram que um praticante da MT consegue influenciar sete pessoas, contribuindo para a melhoria do seu comportamento. Considerando que somos sete bilhões de pessoas no universo, é fácil fazer a conta de quantas pessoas seriam necessárias para formar uma egrégora que pudesse transformar o mundo todo.

Estamos vivendo uma fase de conscientização da importância da preservação ambiental. Eu diria que está quase sendo formada uma egrégora que realmente poderá mudar o comportamento das pessoas em relação à natureza.

Para a existência de uma egrégora, com poder de mudar o mundo, podemos pensar na criação de uma "corrente do bem", em que cada um faça a sua parte, com ideias ou ações, e que isso se multiplique como em uma pirâmide.

Gosto de falar só de coisas boas, mas o mal também nos ensina. Um exemplo de uma egrégora do mal foi protagonizado por Hitler, que na primeira metade do século XX conseguiu criar um espírito coletivo, que possibilitou o surgimento e a consolidação do regime nazista.

Uma pessoa apenas que se aperfeiçoe, que passe a ter atitudes positivas e dê bons exemplos, poderia iniciar a formação da egrégora (ou da corrente do bem), trabalhando para passar para mais três pessoas seu aprendizado. Se cada uma dessas três influenciarem mais três, já formariam um novo grupo de treze pessoas, e essa multiplicação cria a pirâmide a que me referi.

E então? O que você acha de ser um desses elementos desencadeadores do processo de melhoria do seu microcosmo? Vamos lá?

"Conhece-te a ti mesmo"

Vamos falar da unidade, ou seja, de você.

Há escolas filosóficas que preceituam a importância dessa unidade. No templo consagrado ao deus Apolo, em Delfos, na Grécia, estava escrita a frase, atribuída a Sócrates: "Ó, homem, conhece-te a ti mesmo e conhecerás o Universo e os Deuses".

Como se sabe, Sócrates não deixou ensinamentos escritos. Foi Platão, discípulo do mestre ateniense, quem se encarregou de registrar seus pensamentos e os sintetizou na máxima "conhece-te a ti mesmo". Um entendimento mais amplo seria "Conhece-te a ti mesmo e conhecerás os segredos do universo e a maneira de agir de Deus".

A frase contém um grande e complexo ensinamento de Hermes Trismegisto, reforçado posteriormente pela física quântica. Em essência, somos constituídos das mesmas partículas atômicas, comuns a todas as coisas do universo. Somos, portanto, uma expressão individualizada do universo. Consequentemente temos o poder criador de Deus. Temos em nosso íntimo uma parcela da natureza de Deus.

O entendimento sobre a alma humana é restrito àqueles que alcançam um determinado grau de evolução espiritual (não confundir com os ensinamentos do Espiritismo), que permitirá que cada um conheça a si mesmo. Aquele que conhece a si mesmo entenderá Deus e saberá que é Deus.

A Maçonaria, que é uma das mais importantes escolas iniciáticas, e que atua fortemente no Ocidente, ensina aos seus membros a importância do conceito de *unidade*. Para a Maçonaria, assim como para a Cabala, o número 1 é perfeito, por ser indivisível. Simboliza o ponto, que é o início de tudo. O que é uma linha, se não uma sequência de pontos? O que é a sociedade, se não um conjunto de pessoas, de unidades?

Entretanto, a Maçonaria é uma sociedade que se restringe ao sexo masculino, e apenas àqueles que se dedicam ao estudo do filosofismo maçônico ela dá condições de atingir a "perfeição".

A absorção e a percepção desses conceitos filosóficos não são fáceis. Mas é simples entender que *uma unidade é indivisível*. Entender a importância do ponto como início de tudo, da indivisibilidade da unidade, da capacidade de contribuir para a formação de uma egrégora, normalmente é privilégio de poucos, mesmo entre os iniciados.

A maioria dos maçons, só para dar um exemplo de iniciados, se dedica a frequentar as lojas simbólicas. Menos de 30% dos maçons frequentam as lojas filosóficas. Em razão disso, poucos maçons chegam ao grau 33 na hierarquia maçônica, que é o topo do filosofismo maçônico, e destes, apenas cerca de 5% conseguem "entender" realmente o que é a Maçonaria. Apesar de anos seguidos de frequência nas lojas filosóficas, não "descortinam" os fundamentos da Maçonaria. Poucos utilizam os ensinamentos do filosofismo maçônico para aperfeiçoar o autodesenvolvimento, ou seja, o crescimento interior. As outras escolas iniciáticas também não conduzem seus membros a melhores estágios de desenvolvimento pessoal que a Maçonaria.

A conclusão é triste, mesmo os ocidentais mais desenvolvidos, utilizando as ciências e técnicas disponíveis, ficam muito longe da homeostase, do nirvana e da "iluminação Zen". E por não crescerem interiormente, não conseguem influenciar e melhorar o seu microcosmo.

A hora de despertar

Toda reforma interior e toda mudança para melhor dependem exclusivamente da aplicação do nosso próprio esforço.

Immanuel Kant

Só existem dois dias no ano em que nada pode ser feito. Um se chama ontem e o outro se chama amanhã, portanto hoje é o dia certo para amar, acreditar, fazer e principalmente viver.

Dalai Lama

Nós, ocidentais, não vivemos a cultura oriental, mas sentimos falta dos resultados que ela possibilita. Somos homens e mulheres inteligentes, e queremos da vida mais do que simplesmente as conquistas materiais.

Ao atingirmos um determinado estágio de desenvolvimento pessoal, "a ficha cai". Sentimos falta de um encontro mais profundo com o Eu. Nosso Eu se cansou de ficar ligado apenas nas coisas mundanas, materiais. O desenvolvimento pessoal e a qualidade de vida começam a falar mais alto e a exigir respostas sobre os mistérios da vida.

Chamo isso de "hora do despertar".

Esse despertar pode ou não acontecer. Infelizmente a esmagadora maioria dos homens e mulheres não se desenvolve cultural e intelectualmente, e por isso a ficha a que me referi nunca cai, e eles não descobrem a sua "hora de despertar". Nem sentem falta disso. São pessoas que estão apenas de passagem pelo mundo, sem a preocupação de entenderem o seu papel, a sua vida. Para elas, a sobrevivência pelo saciamento da fome muitas vezes é a única coisa que importa. Quando a barriga tem fome de comida, não há condições para pensar mais detidamente na fome de outras coisas, principalmente as não materiais, como as fomes de saber, de autoconhecimento, de autorrealização e até mesmo de felicidade.

Mesmo em relação às pessoas que pertencem a classes sociais mais privilegiadas, e que moram nos países mais ricos, a "hora do despertar", ou seja, o descobrimento da necessidade de conhecimento e valorização do Eu interior ocorre em uma parcela muito pequena.

A grande maioria não se pergunta:

"O que é a vida?"

"Para que serve a vida?"

"Por que o homem não aceita a vida como ela é, tal qual os demais animais?"

"Gozar a vida despreocupadamente não seria mais acertado do que nos torturarmos em busca de realizações materiais, que tanto nos limitam e nos escravizam?"

"Será que posso entender Deus e conseguir uma aproximação maior d'Ele?"

"Como posso melhorar como pessoa?"

"Posso ser mais feliz?"

"Posso fazer as pessoas que me cercam mais felizes?"

"Posso fazer alguma coisa para garantir uma melhor saúde mental e corporal?"

"Que contribuição posso dar para deixar o mundo um pouco melhor do que o encontrei?"

Todos esses mistérios insondáveis e muitos outros estão mais acessíveis aos orientais e aos iniciados.

De uma maneira quase natural, fomos olhando curiosos para as escolas orientais, e começamos a "importar" alguns elementos dessas culturas. Afinal, temos as mesmas preocupações com os enigmas da vida.

Estamos sempre tentando arrancar segredos da natureza. Queremos entender a existência dos mundos e dos seres.

A "hora de despertar" é um momento de extrema importância na vida. Eu entendo que, quando acontece de forma absolutamente consciente, há uma mudança radical de valores. O homem deixa para trás um modelo de vida, e assume que pode ter outro, muito diferente e melhor. Essa decisão vai fazê-lo entrar em um processo lento, mas crescente e constante, de novas atitudes e novos comportamentos.

Há alguns anos eu venho dizendo que mudar é muito difícil, uma vez que exige a alteração de crenças. Tenho procurado mostrar que há um caminho mais fácil para "crescer".

Porém, mais importante do que mudarmos radicalmente de vida e de comportamento é tomarmos consciência dos nossos pontos fortes e fracos. Ao trabalharmos os pontos fracos, vamos nos fortalecendo. Parece contraditório, mas é isso o que acontece. Faz parte do processo natural de crescimento interior.

Você não precisa mudar por completo, basta acrescentar algumas novas atitudes. Pode ir melhorando um pouquinho por semana. Assim fica mais fácil, não é?

Vai aqui mais uma boa lição do Dalai Lama: *"É muito melhor perceber um defeito em si mesmo do que dezenas no outro, pois o seu defeito você pode mudar".*

Mais importante do que mudar, é "crescer e melhorar" com o acréscimo de novas atitudes. É entender que algo pode e precisa ser feito. Repito o ensinamento de Taro Gold: *"É fácil ser a pessoa que você sempre foi, porque isso não requer nenhuma mudança, nenhuma autorreflexão e nenhum crescimento. Talvez você pense que mudar significa abrir mão de algumas coisas... na verdade, não é preciso abrir mão de nada, basta acrescentar ao que já existe".*

Renascimento

Estou aqui para seduzi-lo a um amor pela vida; para ajudá-lo a tornar-se um pouco mais poético; para ajudá-lo a morrer para o mundano e para o ordinário, de modo que o extraordinário exploda em sua vida.

Osho

Considero essa decisão de mudar, em que ocorre a "hora de despertar", como o momento do *renascimento*. A partir dele, a vida até então vivida, eivada de valores materiais, *morre*.

A mudança de valores resulta em uma nova vida, vivida de uma forma diferente, com ênfase em objetivos e resultados diferentes. Dependendo da seriedade com que a decisão ocorrer, a mudança em pouco tempo será radical, para melhor.

Muitas das escolas iniciáticas se utilizam da simbologia da "morte da vida passada". A partir do ritual da iniciação há o começo de uma nova vida.

Se você, que está lendo este livro, e durante a sua leitura, ou pela prática do *Neomindfulness®*, atingir a consciência da "hora de despertar", sugiro que não deixe essa oportunidade passar.

Desde que veio ao mundo, a "hora de despertar" poderá ser a decisão mais importante que você terá de tomar. Será a primeira grande decisão consciente que vai tomar com relação ao seu Eu, e que interferirá na sua vida e no seu futuro.

Em algum momento de lucidez você sentirá que é chegada a hora de optar por realizar grandes mudanças interiores, ou de acrescentar novas práticas, como o *Neomindfulness®*, por exemplo.

Por incrível que pareça, conhecer profundamente o seu Eu e viver melhor consigo mesmo é questão de decisão. E você pode decidir melhorar a sua vida. Também pode decidir não o fazer.

Perceba que cabe a você a escolha de ser plenamente feliz.

Desejo sinceramente que você também descubra a sua "hora de despertar" e que *renasça* para a vida.

Cícero disse: *"A vida feliz consiste na tranquilidade da mente".*

Peço que reflita sobre mais um ensinamento do Dalai Lama: *"Desenvolver força, coragem e paz interior demanda tempo. Não espere resultados rápidos e imediatos, sob o pretexto de que decidiu mudar. Cada ação que você executa permite que essa decisão se torne efetiva dentro de seu coração".*

As escolas iniciáticas, religiões, seitas e métodos do autoconhecimento e autodesenvolvimento

Todo homem, por natureza, quer saber.

Aristóteles

A necessidade de saber, inata ao homem, fez prosperarem sistemas filosóficos e religiosos, tidos e propagados como doutrinas verdadeiras. Mas a posse integral da verdade não foi alcançada por ninguém.

Os sábios, os pensadores, os verdadeiros iniciados humilham-se quando em presença de uma verdade que reconhecem superior à sua compreensão. Assim, esquivam-se de serem instrutores das multidões, porque jamais poderiam satisfazer as suas justas curiosidades, nem as conduzir a um único caminho.

Empreendedores ocidentais reconheceram grandes oportunidades ao perceberem que a necessidade de se conhecer, de se aprofundar no seu Eu, é latente nos "mercados" (até nisso somos vítimas da estrutura da sociedade de consumo e chamados de "mercado").

Por esse motivo, muitos dos movimentos pseudofilosóficos, religiosos e de técnicas de autoconhecimento representam mais uma estratégia de marketing desses empreendedores, do que o interesse sublime de disseminar conceitos para a melhoria da qualidade de vida das pessoas.

Demóstenes, grande orador e político ateniense, afirmou: "É extremamente fácil enganar a si mesmo; pois o homem geralmente acredita no que deseja".

A segmentação do mercado mostra pessoas ávidas por conhecimentos esotéricos. Em razão disso, prosperam instituições como a Maçonaria, Rosa Cruz, Templários, Eubiose, Cabala Judaica, Teosofia, Alquimia, Artes Marciais Orientais etc.

As religiões e seitas religiosas se multiplicam. Outros segmentos da população passam a acreditar na reencarnação e optam pelo Espiritismo, Umbanda, Candomblé etc.

Finalmente há aquelas que decidem beber nas fontes da cultura oriental e passam a frequentar o Zen-Budismo ou praticar uma das diversas variedades do Yoga.

Vou me deter um pouco mais nas informações sobre o Yoga, e faço isso com o maior respeito, pois é a técnica milenar que melhor espelha a cultura oriental da meditação.

Não existe um método melhor do que o outro. Já aconselhei pessoas a fugirem de "mestres" que diziam que "o Yoga que eu ensino é o melhor". Como as pessoas são diferentes entre si, o melhor Yoga é aquele que atende às expectativas do praticante e que preenche as suas necessidades.

Dos sistemas de Yoga que utilizam abordagens físicas, os métodos mais populares no Brasil são o *Hatha Yoga*, a Yogaterapia, o *Ashtanga Vinyasa Yoga*, o *Iyengar Yoga* e o *Power Yoga*.

Há Yogas que investigam os efeitos dos sons e das vibrações sutis sobre a consciência: o *Mantra Yoga*; o *Bhakti Yoga* ou Yoga devocional, conhecido principalmente por meio do movimento Hare Krishna. Há também outros sistemas que visam a atingir o estado de comunhão, por meio de exercícios de autorreflexão e discriminação, como o *Jñana Yoga* ou de rituais, como algumas formas ortodoxas de *Tantra Yoga*.

O Livro do Estresse

Evitando ou controlando as doenças da vida moderna

A maioria das chamadas "doenças da vida moderna" pode ser controlada ou curada pelo *Neomindfulness®*, tanto em razão dos efeitos positivos causados pelos exercícios de relaxamento e pela meditação, sendo *mindfulness* o principal deles, como pelo uso racional dos "filmes da mente" e do desenvolvimento da resiliência.

Nos relaxamentos e na pós-meditação, graças às ondas cerebrais, o praticante encontra-se em um estado suscetível à autossugestão, podendo influenciar a si mesmo para diminuir as compulsões e demais manifestações psíquicas que interferem no seu corpo. Por isso são chamadas de doenças de origem psicossomáticas.

Algumas das doenças que hoje mais afligem os seres humanos são:

- Estresse;
- Depressão;
- Síndrome do pânico;
- Hipertensão emocional e nervosa;
- Falta de concentração e dificuldades de memória;
- Baixa autoconfiança e aumento da insegurança;
- Desintegração da personalidade;
- Baixa autoestima (identificação e superação de comportamentos que atrapalham a vida e impedem que as pessoas atinjam seus objetivos);
- Decréscimo no desempenho nos esportes de competição;
- Dificuldade em priorizar objetivos;
- Baixa eficiência no trabalho;
- Descontrole no uso do tempo no dia a dia;
- Alergias;

- Dores musculares e de tensão;
- Certos tipos de dores crônicas como a fibromialgia;
- Certas enxaquecas e outras manifestações psicossomáticas;
- Insônia;
- Tendinites;
- Gastrites;
- Obesidade;
- Compulsão por comida, bebida, chocolate ou fumo; etc.

A meditação e o *mindfulness* produzem:

- Autotranquilização;
- Autodeterminação;
- Autoconhecimento;
- Maior controle das reações emotivo-fisiológicas;
- Condições para enfrentar a angústia;
- Condições para desvendar os mecanismos inconscientes;
- Reforço do Ego;
- Condições para a interiorização;
- Desenvolvimento da capacidade criativa e artística;
- Supressão de dor;
- Aumento do rendimento no trabalho (qualitativa e quanti-tativamente);
- Homeostase (a capacidade do corpo para manter um equi-líbrio estável, apesar das influências exteriores);
- Unificação e integração do *Eu* com o *Universo*;
- Despertar da consciência cósmica;
- Regulação vascular;
- Melhoria da memória;
- A visão de si mesmo.

Estresso-me, logo existo (Nasci estressado?)

O homem é o único animal que precisa trabalhar.

Immanuel Kant

Estou seguro de que você sabe o que é estresse. Até por carga hereditária todos sabemos. Afinal, desde a pré-história, o ser humano vivia o estresse pela busca de alimentos e pela sobrevivência.

Nossos antepassados, os chamados homens das cavernas, estavam sujeitos ao estresse de escolher sua "casa própria" para se abrigar das intempéries e dos demais perigos. Isso tudo, podemos ter certeza, era estressante.

Perceba que, em essência, os desafios dos nossos antepassados eram bem semelhantes aos que temos hoje.

Por causa do estresse provocado pelo risco de serem atacados por predadores, e também pela busca por comida, nossos antepassados passaram a fabricar armas. Vem daí a origem das guerras. Homem inventando armas para matar "predadores" ou inimigos.

Você já havia pensado nisso? Desde o início dos tempos, o homem guerreia por comida e por território. É fácil associar os "motivos" das guerras por petróleo, hoje, com as lutas entre tribos que queriam dominar regiões que possuíam mais abundância de alimentos. Podemos concluir que o estresse sempre esteve presente na vida do ser humano. E que sem estresse não há invenções, conquistas e avanços.

Este capítulo é dedicado ao estresse, porque é uma das mais graves "doenças da vida moderna".

Afinal, o que é o estresse?

A manifestação do estresse se dá em três diferentes formas:

1) Emocional, em que há manifestação da baixa autoestima, medo e ansiedade, depressão, *burnout*;
2) Cognitiva, que afeta a memória, a concentração e a atenção, e causa insônia;
3) Física, que resulta em muitas doenças como fibromialgia, artrites, enxaquecas, taquicardia, bruxismo, queda de cabelos, gastrites e úlceras gástricas etc.

Acho que todo mundo concorda com o ditado *"Deus ajuda a quem cedo madruga"*. Mas cuidado: madrugar porque o dia é curto para fazer tudo o que precisa ser feito pode causar estresse.

Estresse é um estado de alerta que ocorre no ser humano sempre que sofre ameaça, pressão ou desafio de ordem física ou psicológica. Sob a ação do estresse, a mente fica tensa, oprimida, inquieta, preocupada, perturbada e agitada.

Ao falar um pouco sobre a "doença", o meu único objetivo é mostrar os caminhos para evitá-la ou livrar-se dela.

Talvez você já tenha tido a experiência de ficar estressado, com consequências leves ou profundas.

O *Neomindfulness*® é um método absolutamente eficaz contra o estresse e o *burnout* (do qual tratarei em outro capítulo).

A expressão estresse deriva do latim. Nos séculos passados tinha a conotação de aflição ou adversidade. Ultimamente está associada à pressão ou esforço. Na engenharia e na física, o termo significa o ponto de ruptura de um material quando submetido a condições extremas.

Mais recentemente, estresse foi associado à saúde física e mental.

O estresse em si é um agente neutro, mas vai impactar o ser humano, de forma positiva ou negativa, de acordo com a percepção de cada um.

Como lembramos linhas atrás, desde o homem primitivo não há como viver sem estresse. E sem ele, não há criação, não se produz nada, ninguém supera desafios. Nesses aspectos o estresse é positivo.

Ele se torna negativo quando há sobrecarga de algum fator estressante e a pessoa não consegue mais pisar no freio nem voltar para a marcha lenta.

Hoje temos pressa para tudo, e a rapidez é exigida como uma "competência". Estamos sempre correndo de um lado para o outro, em ruas congestionadas de automóveis dirigidos por estressados. Comemos *fast-food*. Transformamos refeições em almoço de negócios, com a presença do componente estresse em menor ou maior nível, dependendo da nossa posição em relação ao que está sendo negociado.

Vivemos situações estressantes e muitas vezes nem nos damos conta delas. Você já reparou que está sempre atento para ver se alguém não vai assaltá-lo? Está sempre tomando conta dos seus bolsos e bolsas. Das travas das portas do automóvel e da sua casa. Estamos permanentemente em estado de atenção. Às vezes nem nos damos conta disso, mas fatores estressantes estão sempre presentes.

No âmbito das relações interpessoais você se estressa com a falta de companheirismo, de amizade incondicional, de parceria e de solidariedade. O estresse no trabalho também não é um privilégio deste ou daquele cargo.

O chefe se estressa com seus superiores e também com os subordinados. Ele se estressa com as situações macroeconômicas, quase sempre incontroláveis.

Os subordinados se estressam com a rotina às vezes estafante e com as cobranças dos chefes para produzirem ainda mais.

O estresse vai impactar ou não as pessoas, dependendo de como cada um lida com as situações desafiadoras ou críticas. A consequência para muitos é uma síndrome do esgotamento profissional que muitas vezes leva à hipertensão, à depressão, ou se manifesta na forma de dores estomacais, ansiedade, dores de cabeça, baixa imunidade etc. Já foram descritos mais de cem sintomas do esgotamento profissional.

Pesquisas mostram que os resilientes, ou seja, os que apresentam flexibilidade em alto grau, tolerância e habilidade para resolver problemas de forma criativa, costumam ser mais capazes de lidar com situações estressantes do que outras pessoas.

Mas atenção: viver na zona de conforto, e com isso evitar ou fugir das novidades ou de situações desafiadoras, não é caminho para evitar o estresse. Quem escolhe esse tipo de conduta apenas passa pela vida, não participa e nem contribui para a evolução.

A capacidade de suportar e superar situações difíceis não depende somente da pessoa, mas também do equilíbrio dinâmico, que neste caso pode ser compreendido como a relação entre ela e o seu contexto.

Os efeitos do estresse

Vou falar pouco sobre a fisiologia do estresse, uma vez que acredito que o que interessa a você é entender a doença para poder evitá-la. E, se ela já estiver estabelecida, vou mostrar como tratá-la.

O estresse é uma grande invenção da nossa mente porque nos coloca em estado de alerta quando percebe riscos potenciais.

Ele passa a ser um problema quando o sistema nervoso é ativado e o nosso "estado de alerta" começa a funcionar mesmo sem estarmos diante de um grande perigo, mas apenas pelo atraso do elevador, porque alguém está segurando a porta em algum andar, ou o garçom que demora para trazer a conta, por uma "fechada" que levamos de um outro carro, ou seja, por questões de pouca importância.

Sempre que entramos em estado de estresse, um natural mecanismo de defesa é ativado para combatê-lo. Nessa condição, o *componente simpático* do sistema nervoso autônomo é estimulado por meio do impulso do hipotálamo. A glândula pituitária libera o hormônio ACHT (córtico-trófico-hipofisário), a intervenção que provoca as glândulas suprarrenais, que por sua vez produzem o hormônio cortisol, que age sobre o fígado, convertendo o glicogênio em açúcar no sangue, para proporcionar energia imediata ao organismo contra a situação estressante.

A respiração acelera para fornecer mais oxigênio ao corpo. Os hormônios do estresse, tais como adrenalina e noradrenalina, são liberados diretamente na corrente sanguínea para produzir uma onda de energia no corpo. O coração acelera, a pressão arterial sobe, as mãos e a testa suam. Os músculos ficam tensos, preparados para a ação. A boca resseca, os músculos do reto e da bexiga relaxam.

Todas essas mudanças ocorrem na química do corpo e basicamente fornecem energia extra para enfrentar os desafios iminentes. Mesmo que o estresse crie um estímulo simpático, nem todo alerta simpático é estresse.

O estresse ocorre somente quando existe estímulo simpático prolongado ou excessivo, que causa um desequilíbrio entre os sistemas nervoso simpático e parassimpático.

Consequentemente, conforme aponta Sanjay Gupta, a definição mais correta de estresse *é um estado de desequilíbrio do sistema nervoso autônomo*.

Nós podemos ter períodos de estímulos (ou modelos de atividades) que são saudáveis e não estressantes, porque são equilibrados por períodos de relaxamento e descanso. Se o estado de alerta passar rapidamente, não haverá problemas, uma vez que a adrenalina e outros estimulantes orgânicos não permanecerão por muito tempo na corrente sanguínea.

No entanto, se o estresse perdurar, as consequências no organismo serão proporcionais ao tempo de sua duração. Quanto mais tempo, mais graves. Há situações passageiras e previsíveis, porém, em que o estresse é positivo. Por exemplo, a participação em uma reunião em que seja necessário apresentar um projeto muito importante. O estresse é extremo no início da reunião. O coração parece bater na boca, o suor começa a verter, tudo como reação do cortisol e da adrenalina que passaram a circular em maior dose na corrente sanguínea. Mas isso passa ao longo da reunião ou após o seu término.

Quando o estresse chega a causar doenças

Lembra-se do componente simpático do sistema nervoso autônomo, que é estimulado por meio do impulso do hipotálamo para preparar o corpo para enfrentar desafios, diante de situações estressantes? Se esse sistema é continuamente ativado, devido a situações constantes de estresse, os mecanismos de defesa se esgotam.

O estresse como doença é desencadeado quando a pessoa está passando por situações não previsíveis e sobre as quais não tem controle. Há situações estressantes que duram meses e anos.

O estresse será considerado crônico quando for "permanentemente" alto o nível do hormônio cortisol. Isso debilita o sistema imunológico e o organismo fica mais suscetível às infecções. Afeta, enfim, o corpo por meio de outros sintomas físicos e deixa marca na psique.

Quando o cortisol fica na corrente sanguínea por muito tempo, as áreas do cérebro que detectam a sua diminuição são afetadas e ficam em alerta, mesmo que as situações que desencadearam o estresse tenham passado.

Para o cérebro, a situação de perigo continua existindo, e em razão disso libera o cortisol no organismo, mantendo a produção dos neurotransmissores adrenalina e noradrenalina, deixando o indivíduo com a sensação de que algo ruim está para acontecer. Ele fica insensível. Vê perigo em tudo e acha que, independentemente da sua vontade, as coisas continuarão dando errado. Esse é o momento em que se originam os efeitos negativos do estresse, como depressão e síndrome do pânico.

Uma série de outras disfunções poderão acontecer, uma vez que as glândulas suprarrenais vão aumentar a produção de glicose, o que, por sua vez, inibe a produção de insulina, e uma coisa ruim começa a puxar a outra.

Há uma série de doenças psicossomáticas que são originadas ou agravadas pelo estresse. Algumas das mais comuns são as gastrites e úlceras estomacais, a enxaqueca, as dores de cabeça e nas costas, a hipertensão arterial (pressão alta), a artrite, a asma e o diabetes.

Comportamento típico dos estressados

*Por maior que seja o buraco em que você se encontra, sorria,
porque, por enquanto, ainda não há terra em cima.*

Autor desconhecido

Como já lembrei no início deste capítulo, sem estresse o ser humano se torna improdutivo. O alerta simpático é imprescindível: o nosso desempenho melhora quando ele aumenta. Os alertas abaixo ou acima da média é que interferem no desempenho, e ambos podem gerar o estresse.

Os hiperativos são mais facilmente identificados como estressados. Normalmente ficam impacientes, irritados e tristes. Eles têm a mente confusa e inconstante, perdem a concentração, a memória falha com frequência e demonstram excesso de ansiedade.

Quando nesse estado, o estressado se habitua a:

- Perder a calma e a paciência por motivos irrelevantes;
- Xingar e brigar no trânsito;
- Ficar mal-humorado;
- Irritar-se acima do normal quando falha o telefone ou a *internet*;
- Fazer várias coisas ao mesmo tempo e sentir que está sob pressão o tempo todo;
- Argumentar e reclamar que tem excesso de trabalho e que o tempo é insuficiente;
- Ler e trabalhar durante as refeições ou até mesmo comer na mesa de trabalho;

NEOMINDFULNESS

- Não fixar a atenção durante a leitura de livros, ou ao assistir filmes;
- Estar sempre se mexendo, sem conseguir parar sentado em um mesmo local;
- Adiar a execução de tarefas, a ponto de atrasar suas finalizações;
- Demorar a pegar no sono e acordar muitas vezes durante a noite;
- Esquecer coisas simples e rotineiras, por exemplo, se tomou um remédio ou passou o desodorante; dentre outros comportamentos fáceis de serem identificados como partindo de quem está estressado.

Identificando o estresse

Grande parte do sofrimento é criada por nós mesmos.

Dalai Lama

O estresse dá sinais e avisos de que as coisas não andam bem. Alguns dos sinais físicos manifestados:

- Mãos frias, em razão da tensão que causa problemas circulatórios;
- Bater ou mexer os pés constantemente ou bater com os dedos das mãos nas mesas onde estiver;
- Roer as unhas ou arrancá-las;
- Postura corporal mais fechada, com os ombros curvados para baixo e para a frente;
- Tiques nervosos, como piscar excessivamente os olhos, mexer a boca de maneira incontrolável, respirar de maneira alterada, tocar repetidas vezes algumas partes do corpo (como nariz, orelhas etc.);

- Boca serrada ao dormir, bruxismo (ranger os dentes);
- Testa enrugada;
- Músculos de várias partes do corpo tensos, principalmente pescoço, ombros e costas (o mesmo enrijecimento pode acontecer com os músculos das pernas e pés);
- Não parar quieto quando sentado à mesa do trabalho. Da mesma forma, durantes as refeições, nas poltronas dos cinemas ou assistindo a filmes na TV.

Fatores que desencadeiam o estresse

Não existe nada absoluto, tudo é relativo.
Por isso devemos julgar de acordo com as circunstâncias.

Dalai Lama

Peço a você que reflita sobre o que afirmo agora: *o estresse não existe por si só*. Não há vírus causador do estresse. Ele não é transmitido por contágio entre pessoas. O estresse não existe autonomamente. Ele é a nossa reação mental a determinadas situações que podem ou não nos levar ao estresse. E, dependendo da nossa adaptação às situações que exigem enfrentamento, o estresse gerado pode ser positivo ou negativo.

Será positivo quando nos alerta e nos prepara para encarar os problemas com vigor. O enfrentamento bem-sucedido nos dá uma sensação de vitória, de capacidade de superar obstáculos. Nossa mente diz "que venham os problemas, pois estou bem disposto e tenho forças para enfrentá-los".

E será negativo quando chega ao ponto de produzir falhas na nossa capacidade de resposta, e quando não reagirmos mais adequadamente diante de situações estressantes, o que acaba atingindo nosso comportamento mental e orgânico. Interfere no estado físico e no relacionamento com as pessoas e com o mundo que nos cerca.

A maioria dos motivos, eventos e incidentes que estressam algumas pessoas podem não causar o mesmo efeito em outras.

Quando estamos "de bem com a vida", passamos por cima de muita coisa, e temos a impressão de que nada pode nos tirar do estado de graça que estamos vivenciando. Se coisas desagradáveis acontecem, encaramos como naturais, como se realmente estivéssemos suscetíveis às suas ocorrências. Chegamos a rir dos problemas.

Mas, quando estamos "de mal com a vida", nos estressamos com facilidade, uma vez que reagimos com irritação, raiva, ódio, sentimento de vingança, preocupação excessiva, frustração, ansiedade, diante de qualquer pequeno problema.

É razoável concluir, portanto, que podemos evitar o estresse, dependendo da nossa preparação para reagirmos aos acontecimentos do dia a dia.

Entretanto, há alguns fatores que contribuem mais para desestabilizar o nosso comportamento. É lógico que, se soubermos como encará-los, eles não nos estressarão, mas muitas vezes irritam até os mais calmos e equilibrados.

Você já deve ter passado por alguma das situações abaixo. Lembra-se de como reagiu?

- Excesso de barulho na casa do vizinho, quando você está vendo um filme na TV, ou quando quer dormir;
- Festa na casa do vizinho, com risadas e som altos madrugada adentro;
- Pessoas falando alto, sentadas logo atrás de você no cinema;
- Derrota da equipe de esportes para a qual você torce;
- Espera do marido ou da mulher, para que o outro se arrume, já estando atrasado para um compromisso;
- Fumaça de cigarro para não fumantes;
- Ambientes extremamente quentes ou frios;

Para esses casos, o ideal é que você encontre uma solução que não o tire totalmente do sério. Tente se lembrar, por exemplo, de que em algumas vezes durante o ano você também dá festas na sua casa, e também deve incomodar alguém. Pense que seus pais fumam e que não conseguem abandonar com facilidade o vício, e que já devem ter incomodado muitas pessoas, e nem por isso você aceitaria que elas agredissem seus pais. Que não deve reclamar quando o companheiro se atrasa, pois isso não é privilégio só dele, e se você reclamar demais poderá esperar pelo revide quando o atraso partir de você.

Outros desestabilizadores do equilíbrio físico-mental

Se você entender e aceitar que na vida há fatores desestabilizadores do equilíbrio mental, começará a ter mais facilidade para superá-los. Por vezes, alguns dos nossos próprios hábitos vão contra o equilíbrio, uma vez que estimulam o sistema nervoso simpático.

Eis alguns estímulos físicos que causam excitação e que ajudam a aumentar o risco do estresse:

- Alimentação errada
- Comer quantidade acima do necessário.
- Ingerir líquido em demasia durante as refeições, o que resulta em indisposição estomacal.
- Comer carnes excessivamente gordurosas, alimentos com muito açúcar ou sal, com temperos ácidos e muita pimenta.
- Ingerir bebidas que contêm cafeína, como café, chás, refrigerantes do tipo "cola" e energéticos.
- Ingerir bebidas alcoólicas.
- Fumar cigarro e fazer uso de drogas.

Tudo isso concorre para desestabilizar o seu equilíbrio e, somando-se a outros fatores, predispõe ao estresse.

Sedentarismo

A falta de atividade física acomoda as pessoas, mas também as irrita. Elas não gastam energia. Quanto menos fazem, menos querem fazer. Qualquer proposta ou "cobrança" para sair dessa "zona de conforto" causa cansaço e irritação.

Respiração errada e insuficiente

Se não tivermos uma respiração adequada, ela será indutora de um estado de estresse.

É muito difícil mudar um hábito tão arraigado como o modo de respirar. Mas se você está respirando só com a parte de cima do pulmão, se tem a respiração muito curta, é importante que se esforce para mudar.

Quem respira pouco está oxigenando mal o sangue. Especialmente para esses, o *Neomindfulness®* será "um santo remédio". Com a prática continuada dos nossos exercícios, você passará a corrigir, aos poucos, a sua respiração.

Vamos às boas notícias

Reparta o seu conhecimento.
É uma forma de alcançar a imortalidade.

Dalai Lama

A melhor notícia que eu poderia lhe dar, em relação ao estresse, é que *ele pode ser evitado* e, mais do que isso, tem cura.

O estresse é facilmente evitável, e, uma vez instalado, tem cura total com a prática do *Neomindfulness®*. Se um estressado frequentar nosso treinamento presencial e, após a conclusão do curso, praticar por 60 dias o *Neomindfulness®* e não ficar curado do estresse, receberá o dinheiro de volta. Até hoje não tive casos que o *Neomindfulness®* não resolveu.

Uma pessoa é diferente da outra. Passando por idênticas situações estressantes, algumas suportam sem sequelas, enquanto outras se estressam profundamente. Há pessoas, mais resilientes, que são capazes de suportar, sem maiores problemas, atividades complexas e extenuantes, pressão por resultados, agenda cheia, excesso de trabalho etc., enquanto outras, sob carga de trabalho bem mais suave, acabam atingidas pelo estresse. Em ambos os casos, a prática do *Neomindfulness®* evitaria a ocorrência da doença.

A resiliência é um outro método muito eficaz de combater o estresse. Leia mais no capítulo sobre resiliência como desenvolver essa característica. Os resilientes não entram em estresse profundo e não chegam ao *burnout*.

O autoconhecimento proporcionado pelo *Neomindfulness®* é um diferencial para evitar o estresse, e também para alcançar a sua cura.

Quem se conhece tem a capacidade de se autoanalisar. Tem a percepção para entender quando há um excesso desmotivado de pensamentos negativos em sua mente. Bastará perceber que esse negativismo o está impedindo de realizar coisas novas ou diferentes, e que ele está interferindo nas suas relações interpessoais, para que o sinal de alerta se acenda. E, se não acender o sinal, em razão do autoconhecimento, "cairá a ficha" quando seus amigos ou familiares lhe disserem algo do tipo "nossa, como você anda ranzinza, você está muito chato". Quem pratica o *Neomindfulness®* ouvirá a sua voz interior ou, ao menos, dará maior atenção às vozes exteriores.

A partir desse tipo de observação, entenderá que está num momento crítico e que precisará mudar o rumo das coisas para evitar o estresse. Só essa tomada de consciência e a utilização dos princípios do *Neomindfulness®* já serão suficientes para você adotar comportamentos e atitudes corretivas, evitando, assim, entrar em processo de estresse.

Outra boa notícia é que a medicina já comprovou que a ingestão de Ômega 3 dá resultados positivos contra alguns efeitos do estresse, principalmente a depressão. Além das formas sintéticas, o Ômega 3 é encontrado em alguns tipos de ovos, em leite que recebe a sua adição, e principalmente em alguns tipos de peixes, como a sardinha e o salmão. O Ômega 3 evita o "endurecimento" do cérebro. Lubrifica as sinapses, que são as conexões entre os neurônios. Faz fluir melhor a energia mental.

É altamente recomendável, portanto, a ingestão de Ômega 3. Para mais informações, consulte um nutricionista, ou pesquise a respeito.

Controlando e eliminando o estresse

> *É ilógico esperar sorrisos dos outros,*
> *se nós mesmos não sorrimos.*
>
> Dalai Lama

Vou sugerir uma série de "providências" que você pode tomar para evitar o estresse ou, se for o caso, para se livrar dele. Falo mais sobre isso no capítulo em que trato do *Burnout*.

A medicina de hoje indica aos estressados que se utilizem de técnicas para relaxar, como Yoga, meditação, (*mindfulness*), treinamento autógeno ou relaxamento muscular.

O professor de psicologia comportamental Manfred Schedlowski, do Instituto Superior de Tecnologia de Zurique (ETH), aconselha aos estressados que aprendam tais técnicas antes que seja tarde demais, porque a tendência é que o processo de esgotamento se acelere.

Noutras palavras, o controle e a eliminação do estresse podem ser feitos pelo próprio "doente".

A você, que está estudando ou praticando o *Neomindfulness*®, eu asseguro que, aqui no Ocidente, é a melhor e mais completa técnica de controle antiestresse e de cura (se o estresse já estiver instalado).

As formas de controle conhecidas até agora são:

- Relaxamento;
- Meditação/*mindfulness*;
- Exercícios de respiração;
- Exercícios físicos;
- Hidroterapia;
- Acupuntura;
- Massagens;
- Mudanças de hábitos e de ares;
- Iniciar a prática de um *hobby*;
- Dançar, e se não souber, entrar em um curso de dança;
- Aprender a tocar um instrumento musical;
- Buscar alívio da pressão no trabalho e em casa, evitando cobrar demais, bem como ser cobrado em excesso;
- Policiar os pensamentos;
- Evitar e fazer de tudo para eliminar pensamentos negativos;
- Procurar se relacionar mais com amigos alegres e felizes, evitando os que só falam em desgraças e problemas;
- Mudar a rotina estressante, ir mais ao cinema e ao teatro (dê preferência às comédias);
- Tirar férias completas e viajar.

Como última observação neste importante capítulo, eu sugiro que você se aperfeiçoe nas práticas do *Neomindfulness*® para parar de viver no piloto automático e alcançar o *mindfulness*. Além de melhorar o seu estado geral e principalmente o humor, estará irradiando os efeitos benéficos da técnica.

Você vai gostar tanto de viver sem estresse que não entenderá como conseguiu perder tanto tempo até conquistar a verdadeira qualidade de vida.

Mais uma lição de Dalai Lama: "*Se você quer transformar o mundo, experimente primeiro promover o seu aperfeiçoamento pessoal e realizar inovações no seu próprio interior. Estas atitudes se refletirão em mudanças positivas no seu ambiente familiar. Deste ponto em diante, as mudanças se expandirão em proporções cada vez maiores. Tudo o que fazemos produz efeito, causa algum impacto".*

A essência do Treinamento Autógeno (TA)

O Treinamento Autógeno (TA) foi desenvolvido na primeira metade do século passado pelo psiquiatra e psicanalista alemão Johannes Heinrich Schultz, a partir do relaxamento auto-hipnótico psicoprofilático do neurologista Oskar Vogt.

Schultz, ele mesmo sofredor de asma, iniciou em 1909 seus trabalhos e pesquisas com o TA, e em 1926 fez sua primeira apresentação em Congresso Médico. Em 1932 lançou seu livro, já várias vezes reeditado e traduzido para mais de dez línguas, inclusive para o português.

Para Schultz, "o fundamento do método consiste em produzir uma transformação geral do indivíduo de experimentação, por determinados exercícios fisiológico-racionais, e que, em analogia com as mais antigas práticas hipnótico-mágicas, permitem todos os benefícios que são capazes de produzir os estados sugestivos autênticos ou puros".

O TA é um método de relaxamento concentrativo. Como diz Schultz, é uma "ginástica mental". É uma técnica eficaz que permite que você atinja um estágio profundo de relaxamento, por meio da concentração mental.

Ao atingir o relaxamento pleno, ocorre uma "comutação organísmica" que você pode entender como a passagem do estado de vigília para o estado auto-hipnótico.

Quando criou o TA, Schultz não sabia que havia uma explicação científica para o que chamou de "comutação organísmica". Só depois de muitos anos comprovou-se que ocorrem mudanças nas ondas cerebrais que alteram o estado de consciência. Você lerá sobre isso em diversos capítulos deste livro.

Métodos de relaxamento e de autossugestão são conhecidos desde a Antiguidade no Yoga, na meditação Zen do Japão, no Zen-Budismo, Taoísmo, Lamaísmo etc.

Ao criar o TA, Schultz desenvolveu uma técnica que pode ser adotada independentemente do ambiente sociocultural. Ela proporciona aos ocidentais praticamente os mesmos resultados que as milenares práticas orientais têm proporcionado aos seus seguidores.

E como inspiração gera inspiração, criei o *Neomindfulness*,® uma vez que é muito difícil para nós, ocidentais, nos adaptarmos à disciplina e aos exercícios de postura, praticados pelos orientais.

Ajustei no *Neomindfulness*® os exercícios básicos de relaxamento do TA.

Valorizo bastante o relaxamento, pois resulta na tranquilização interna, no autocontrole e auxilia na profilaxia e no alívio dos estados de estresse e de tensão muscular. Pode também ser usado como um meio preventivo e revigorante, atuando beneficamente sobre a saúde física, mental e emocional.

Segundo Schultz, o TA é um método de aprendizagem progressiva, destinado a indivíduos normais, suficientemente independentes e inteligentes.

A palavra-chave para Schultz é **comutação**. Ele percebeu a diferença entre o estado induzido pela técnica de Vogt e a hipnose propriamente dita. Vogt pôs em evidência a possibilidade de, para certos indivíduos cultos e com espírito crítico, entrar em estado hipnótico por decisão própria; fez uma série de observações segundo as quais esses indivíduos de experimentação podiam entrar em estado hipnótico, mediante uma comutação total, ou seja, provocar uma auto-hipnose.

Vogt já reconhecia que, se uma pessoa era capaz de provocar em si mesma estados hipnóticos autênticos, conseguia, por esse meio, profunda tranquilidade e tonificação; em épocas de crises físicas ou psíquicas, evitavam, por meio da auto-hipnose, o aumento das excitações, não chegando, portanto, a se prejudicar. Assim, a auto-hipnose adquire o valor de um método para se obter "pausas profiláticas de repouso", segundo palavras de O. Vogt.

Schultz conclui que "se procura-se considerar a alteração hipnótica específica como um processo vital geral, e se evitar de maneira crítica antepor 'o psíquico' ao 'corporal', então pode-se admitir-se nesta *alteração sugestiva específica o aparecimento constante de alterações determinadas e características das sensações corporais"*. Temos motivos para admitir que essa comutação é suscetível de observação.

Assim, chegamos ao ponto central do que vamos expor a seguir: *A técnica do nosso treinamento deve servir para capacitar as pessoas a realizar uma comutação específica sugestiva.*

Se tentarmos explicar os *mecanismos fisiológicos* que acompanham essas vivências de comutação, então podemos admitir que a vivência de peso corporal é a expressão de um relaxamento muscular, e que o calor é devido a uma dilatação vascular, também consequência do relaxamento.

Schultz utiliza o *sono* para exemplificar uma comutação que conduz a um estado em que ocorrem diminuição dos estímulos e profunda transformação funcional em relação às funções do cérebro.

Como demonstração da eficácia do TA, Schultz cita em seu livro muitos exemplos. Destaco alguns publicados pelo médico psiquiatra Werner Zimmermann em seu site *Técnicas de Relaxamento*.

Muitos soldados alemães prisioneiros na Sibéria, durante a II Guerra Mundial, conseguiram evitar o congelamento dos pés recorrendo ao TA, que aumenta a circulação e, por conseguinte, eleva a temperatura dos membros inferiores.

Uma professora com tendinite no braço direito voltou ao trabalho mais cedo do que o esperado, e sem recaídas, depois de ter se dado conta de um trauma de infância em que machucara o braço.

O médico alemão Hannes Lindemann ficou conhecido por suas travessias solo do Atlântico em 1955, 1956 e 1960, com canoas (a primeira media 7,70m de comprimento, 70cm de largura e pesava 600kg), testando a capacidade de sobrevivência em condições extremas. Enfrentou tempestades e sua embarcação virou duas vezes. Ele se preparou com o TA e o utilizou durante as travessias, principalmente na luta contra o sono. Numa delas perdeu 25 quilos nos 72 dias de travessia.

Schultz também recomendava o TA para evitar o uso de anestesias em tratamento dentário e até em cirurgias mais leves. Utilizava o TA para ajudar mulheres em tratamentos de fertilização. Como o grande desejo de engravidar pode bloquear a fertilização, pela própria tensão do desejo, o relaxamento ajudava na concepção.

Considerando que o *Neomindfulness®* se fundamenta em parte nos estudos de Vogt e Schultz, ele se mostra uma ótima prática para atingir a tranquilização interna e o autocontrole. Isso permite que você entenda as causas do seu estresse e passe a dominá-las.

Com a prática do *Neomindfulness®* você estará se preparando para a absorção de golpes afetivos inesperados e para a melhoria do rendimento físico e do cognitivo. Terá melhor disposição e resistência para evitar ou controlar a fadiga física e a mental. Desenvolverá quase naturalmente a sua resiliência.

O *Neomindfulness®*, além de ser um excelente meio para uma pausa profilática de repouso, pode levá-lo a uma "restauração da mente".

Após algum tempo de treinamento, você perceberá o momento em que ele passa a fazer parte da sua vida. Então se dará a quebra das resistências, e você passará a ter controle sobre o seu próprio processo reconstrutivo.

O relaxamento é o que se opõe ao estresse, o que permite a homeostase, o que diminui a angústia, o que proporciona a harmonia. É uma das mais eficazes ações preventivas contra as doenças nervosas.

O estresse destaca-se entre as "doenças da vida moderna". Em agosto de 2007 realizou-se na Hungria o 3º Congresso Mundial da Sociedade de Estresse Celular, no qual os temas predominantes eram as respostas do estresse na biologia e na medicina. Trataram das proteínas de estresse, estresse nas células e nas moléculas, mostrando a importância que o interesse no estresse vem tomando na medicina de um modo geral.

Tanto Vogt quanto Schultz haviam experimentado, com seus pacientes, as alterações dos estados de consciência, sem, entretanto, saberem que algumas décadas depois isso viria a ser comprovado por meio de exames em eletroencefalograma. Você verá, no capítulo em que trato das ondas mentais, como saímos das *ondas beta*, que são características dos estados de vigília, para as *ondas alpha*, quando em relaxamento.

O TA e a psicanálise

Certa vez, Schultz, o criador do TA, encontrou-se com Freud. Declarando-se conhecedor dos fundamentos e propostas do TA, e preocupado com a possibilidade de existirem semelhanças com a os resultados de um tratamento psicanalítico, perguntou-lhe: "O senhor não vai me dizer que acredita seriamente que pode curar as pessoas com isto?" Ao que Schultz respondeu: "De modo algum! Mas acredito que, da mesma maneira como o jardineiro afasta as ervas daninhas do jardim, também podemos afastar os obstáculos ao autodesenvolvimento das pessoas". "Neste caso, estamos de acordo," respondeu Freud.

E agora afirmo, meu caro leitor, como essência, o TA reflete a observação de Freud sobre o Eu corporal: "O Eu é, antes de tudo, um Eu corporal; não é uma entidade de superfície, é a projeção dessa superfície".

Nosso corpo e nossa mente são verdadeiros arquivos dos traumas que vamos acumulando ao longo do tempo.

Por permitir que seu praticante atinja estágios profundos de relaxamento, o TA é, antes de tudo, um método profilático. Dá aos seus praticantes os meios para se conhecerem melhor e de poderem "tratar" os traumas e/ou conflitos que identificarem. Assim, considerando-se os seus efeitos reais e positivos, o TA é uma psicoterapia básica.

Na maioria das vezes o *Neomindfulness*® pode ser realizado sem o auxílio de terceiros. Pessoas que tenham traumas ou conflitos precisam ter condições de dar um significado a tais percepções. Casos mais complicados devem ser submetidos a psicoterapeutas.

Com já foi dito anteriormente, apesar de utilizarmos, no *Neomindfulness*®, a essência dos exercícios do TA, eles foram ajustados para a obtenção de melhores resultados. Além de mudarmos a sequência dos exercícios, aproveitamos o relaxamento para entrar em meditação e para desenvolvermos a resiliência.

O Livro da Resiliência

O que é resiliência? Se você não conhecia perfeitamente o significado de resiliência, não se culpe. Muita gente não tem a menor ideia do que é. A palavra é nova, para a definição de um comportamento humano inerente ao homem. Resiliência é **inata**.

Saber que a resiliência é um atributo nosso, desde a nossa existência na Terra, torna tudo muito mais fácil, não é?

Em 1807, Thomas Young, trabalhando com a física e a engenharia, introduziu o conceito da resiliência ou da elasticidade ao identificar corpos que eram capazes de se deformar quando colocados sob tensão, mas, retirada a tensão, voltavam ao seu estado original [resilir = voltar ao ponto de partida]. Daí o nome resiliência.

A definição de resiliência no dicionário *Aurélio* é: "*Fís*. Propriedade pela qual a energia armazenada em um corpo deformado é devolvida quando cessa a tensão causadora duma deformação elástica". No sentido figurado, resiliência quer dizer "resistência ao choque", também segundo o *Aurélio*.

No Dicionário Latim-Português, "*resilientia*, verbo latino *resilio* (re-salio), quer dizer: saltar para trás, retirar-se sobre si mesmo, voltar saltando, recuar, encolher, reduzir-se".

A resiliência é a propriedade física de alguns materiais voltarem ao estado original depois de uma deformação. Essa característica tem sido associada ao ser humano para designar a capacidade de resistir à pressão, à frustração e ao estresse.

Vivemos constantemente situações "elásticas" na nossa vida, por isso a importância de sermos cada vez mais resilientes.

Quantas vezes chegamos ao ponto de ruptura e retornarmos à normalidade, quando é suspensa a "tensão causadora"?

Esticamos, nos deformamos, mudamos, esticamos de novo, porém nossa integridade não é afetada. A boa notícia é que não rompemos facilmente, nem ficamos eternamente deformados.

Portanto, a resiliência é a capacidade das pessoas, das equipes e das organizações, de resistir às adversidades, sem rompimento, sem deformações permanentes e sem, portanto, experimentar o estresse.

O mais importante é ser "pipoca", ou seja, aproveitar o fogo para obter uma grande transformação. Usar a experiência vivida em momentos de adversidade, em seu processo de desenvolvimento pessoal.

Executivos, se quiserem ter sucesso, têm de ter resiliência. Precisam saber enfrentar as situações de pressão e de tensão, sem "espanar", sem desistir, sem se estressar.

As mulheres, via de regra, são mais resilientes que os homens. Mulheres profissionais tendem a se adaptar melhor aos desafios e pressões. Estão menos sujeitas ao estresse e às doenças que ele causa.

O site[4] da Isma-BR International Stress Management Association traz a pesquisa e um teste de nível de estresse que qualquer um pode fazer.

A resiliência já era uma competência muito valorizada nos processos de seleção e admissão de funcionários, principalmente para funções gerenciais. Após a grande crise econômico-financeira pela qual o mundo passou após outubro de 2008, tal competência tornou-se mais importante ainda. Só os resilientes conseguiram suportar a pressão e ter ânimo e disposição para enfrentar os enormes desafios que de repente surgiram. Mais que isso, aos gerentes e altos executivos coube a missão de potencializar a capacidade de resiliência das próprias empresas em que trabalhavam. As empresas resilientes sofreram, como todas as demais, as fortes pressões, mas sobreviveram, enquanto muitas quebraram.

Na grande crise ficou evidente a importância das características de resiliência tanto para governantes como para executivos e para as empresas. Muitas empresas saíram da crise mais fortalecidas.

A resiliência é também um atributo importante para equilibrar as relações entre pais e filhos, marido e mulher, entre amigos, chefes e subordinados. Sem resiliência, todos os pequenos conflitos resultarão em estresse e, muitas vezes, em rompimento.

---

[4] www.ismabrasil.com.br

O relaxamento e a meditação, que são pilares mestres do *Neomindfulness®*, e a utilização dos filmes da mente e dos balanços do dia sem dúvida vão desenvolver a resiliência do seu praticante.

Resiliência – O fogo que queima também pode transformar

Sair da zona de conforto sempre causa algum tipo de desgaste, que pode chegar ao estresse. Mas, muitas vezes, são essas novas situações que levam ao crescimento.

Quem faz sempre as mesmas coisas leva sempre a mesma vida, e certamente terá sempre os mesmos resultados.

O ferro é moldado a fogo, e pode virar até obra de arte.

Um grão de milho de pipoca é pequeno. Se não passar por calor intenso, continuará pequeno, sem expressão, igual a todos os demais. E, transformado pelo calor, pode virar uma grande pipoca. Há, entretanto, outros milhos que passaram pelo mesmo calor transformador e não viraram pipoca, mas sim piruá. São rejeitados. Não prestam para nada.

Plantas frutíferas, quando mantidas em vaso, ficam do tamanho que o vaso permite. Elas se adaptam. Têm vida, chegam a dar frutos, mas serão sempre muito pequenas. Na maioria das vezes, quando tiradas do vaso e replantadas em um campo mais amplo, elas sofrem no início, e a adaptação é difícil. Chegam a dar a impressão de que vão morrer. Mas, vencido o desafio, adaptadas às novas condições e habituadas a elas, essas plantas crescem. Crescem muitas vezes mais que o tamanho que por anos a fio tiveram enquanto estavam no vaso.

O mesmo processo acontece com peixes em aquários. Habituam-se a ganhar a comida e ter a temperatura da água controlada. Não têm predadores. Mas não podem nadar à vontade, não têm outras experiências, não conhecem o tamanho quase infinito dos rios e mares. Quando soltos em águas abertas, "reaprendem" a viver ou mesmo a sobreviver. Desenvolvem-se e crescem de tamanho, com a necessidade de nadar mais.

A luta pela sobrevivência às vezes é árdua, mas é ela que permite a descoberta de outros alimentos. Os novos e verdadeiros banquetes, apesar de difíceis, compensam o "conforto" de comer por anos seguidos a mesma "raçãozinha". Assim, o peixe cresce muito de tamanho. Em razão das novas experiências, ele aprende a se defender dos predadores e, muitas vezes, ele é que passa a ser um predador.

Pense nas flores. Plantas da mesma família, quando plantadas em um vaso, dão uma pequena quantidade de flores. Em terreno amplo e adequado, ocupam seu espaço e retribuem com muito mais flores.

Isso acontece também com o ser humano.

Mudança de vida ou um novo e aparentemente insuperável desafio fazem o homem crescer.

Basta mudar de ambiente e ser mais exigido, que o homem cresce. Nem sempre esse desenvolvimento é totalmente indolor.

Toda mudança tira a pessoa da chamada "zona de conforto", e naturalmente isso provoca algum "desconforto", pelo menos inicialmente. Mas a oportunidade de viver essa nova vida, de demonstrar seu potencial e conquistar um novo espaço faz com que desenvolva suas competências.

Toda viagem ao exterior, visitando países cuja língua não dominamos, nos dá uma grande insegurança, ante as dificuldades de comunicação. Passados os primeiros dias, vamos descobrindo como nos comunicar. Muitas vezes isso acaba acontecendo com o auxílio de palavras de outros idiomas ou mesmo com mímica. É lógico que tomaremos ônibus errados, que nos restaurantes vamos comer coisas muito diferentes do que imaginávamos que havíamos pedido. Mas no dia de ir embora, de voltarmos ao nosso país, a sensação é de adaptação, e de que sobreviveríamos ali sem grandes dificuldades.

Assim é o homem. Nasce, cresce, passa por fases de "sofrimento" em todas as transições, principalmente da juventude para a fase adulta, época em que terá de tomar todas as decisões sobre seu futuro. Que profissão adotar, que cursos fazer, o primeiro emprego, ou, para alguns, fase de já estar empenhado no desenvolvimento profissional.

O homem descobre que a vida é feita de escolhas e de trocas. Quem escolhe estudar à noite opta por não poder curtir as baladas no meio de semana. Não namorar todas as noites. E, na noite que escolher "matar aula" e ir para a balada, sabe que está trocando horas de sono por diversão.

Quem estuda pela manhã, se quiser trabalhar, vai ter de se sujeitar a uma atividade que o admita por meio período. As escolhas, opções e trocas vão sendo uma constante na vida. Tudo terá seu preço. Uma opção muitas vezes inviabiliza outras alternativas. Mas vamos nos adaptando. Temos essa característica. Nascemos resilientes.

Alguns sortudos são mais resilientes que outros.

A resiliência não nos torna impermeáveis a tempestades, nem inatingíveis em crises, nem invulneráveis.

O resiliente não é um super-homem, mas seu grande diferencial é que usa todas as experiências, principalmente as mais difíceis e dolorosas, para crescer e evoluir.

O resiliente, como as árvores aparentemente frágeis, mas duradouras, verga ante os ventos fortes, mas não quebra. Aprende a suportar pressões, sem permitir que deixem marcas profundas. Ele sabe que o mundo é altamente competitivo, mas é assim para todos, e então passa a gostar da competição. Descobre que também gosta das calmarias da zona de conforto, mas não tem medo de sair dela. Sabe que nasceu resiliente e, por descobrir os benefícios disso, faz do seu aprimoramento um exercício constante.

Já pensou em ter a flexibilidade de uma mola? Suportar os constantes e grandes impactos que a vida aplica e, terminada a pressão, sempre voltar ao normal? Bom, não é?

Ícones da resiliência

Jesus Cristo é o maior ícone da resiliência. Depois de sofrer tudo o que sofreu, de apanhar numa face e dar a outra, ao ser crucificado, ainda disse: "Pai, perdoai-os, eles não sabem o que fazem".

Se não fosse extremamente resiliente e obstinado, Thomas Edison não teria tentado mais de 2000 vezes, até inventar a lâmpada.

O explorador inglês Ernest Schackleton é citado em todos os livros como exemplo de resiliência por ter mantido em alto-astral toda a tripulação do seu navio encalhado na Antártida, em 1915. Schackleton não tinha nenhuma possibilidade de pedir ajuda. Lembre-se de que naquela época não havia telefone celular nem internet. Ele e sua tripulação de 27 homens sofreram no deserto gelado durante dois anos, alimentando-se de focas e até dos próprios cães que se destinavam a puxar os seus trenós. Tudo indicava que dificilmente o grupo conseguiria escapar com vida. Mesmo assim Schackleton tratava de manter a cabeça erguida. Nos momentos de descanso ele estimulava os companheiros a pensar no que fariam quando voltassem para casa e, às vezes, promovia partidas de futebol sobre o gelo. Essa maneira resiliente de Schackleton resistir às privações da Antártida é lembrada até hoje como a "força milagrosa" que preservou a vida de seus homens até o dia do resgate. Existem diversos livros disponíveis sobre a história de Shackleton, e são uma boa indicação de leitura.

Outros exemplos de resiliência você poderá constatar assistindo ao filme "Vivos", que conta as condições em que sobreviveram os passageiros de um avião caiu nos Andes, e que chegaram a comer carne humana.

Veja e analise também o filme "*O Pianista*": a resiliência salvou a vida de milhares de judeus na II Guerra, incluindo a de Wladyslaw Szpilman, o pianista.

Merece destaque um exemplo brasileiro, que é o do jogador de futebol Ronaldo, o "Fenômeno". Com mais de 30 anos, e depois de ter passado pela terceira operação do joelho, foi rejeitado pelo time europeu com que tinha contrato. Tudo levava a crer que ele havia morrido para a prática do futebol profissional. Eis que, demonstrando grande resiliência e movido por uma extraordinária força de vontade, voltou a jogar e a se destacar. Mereceu de novo o título de Fenômeno.

Exemplos da importância da resiliência para os vencedores exigiriam muitas páginas deste livro. Sem dúvida você conhece outros pequenos e grandes exemplos de resiliência, mesmo que os reconhecesse anteriormente por outros nomes. Pense neles. Use como exemplo para ser mais resiliente e para estar resiliente quando for exigido.

Como desenvolver a resiliência?

O problema não é o problema. O problema é a atitude com relação ao problema.

Kelly Young

Já dissemos que a resiliência é inata ao ser humano. Todos nascemos resilientes, mas ela pode ser desenvolvida. Quanto mais resiliente você for, maior será a sua preparação para resistir ao estresse e não chegar ao *burnout*.

Vinte maneiras de desenvolver a resiliência:

1) **A prática do *Neomindfulness®* fará de você uma pessoa melhor e contribuirá muito para o desenvolvimento da resiliência.**

2) **Separe o que você é daquilo que você faz.**
Tenha uma visão positiva de si mesmo e da sua atividade profissional. Lembra-se daquela máxima de que não se deve levar os problemas do trabalho para casa?

Há alguns anos, em uma entrevista, uma "autoridade" disse: "Eu não sou ministro, estou ministro".

Com certeza você está gerente, não é gerente. E não pode gerenciar seus relacionamentos afetivos com o mesmo ímpeto e grau de cobrança com que gerencia o seu setor.

3) Seja naturalmente polido e bem educado.

Você mesmo vai se sentir muito bem ao relacionar-se com pessoas. Os grossos, truculentos, autoritários, que criticam tudo e todos, acabam se estressando, por não cultivarem atitudes resilientes.

4) Tenha motivação para continuar vivo.

Cuide de si mesmo e do seu corpo. Afinal, é ele que vai acompanhá-lo até o fim da sua vida. Curta a vida, os parentes, os amores, os amigos. Aprenda a cantar, a tocar um instrumento e a dançar. Não seja sedentário.

5) Preste atenção aos seus sentimentos e às suas necessidades.

Viaje, relaxe, tente fazer apenas as coisas que lhe dão prazer.

6) Mantenha a autoestima em grau elevado.

7) Cuide bem da sua saúde.

Ela vai lhe dar forças para lutar contra os reveses da vida.

8) Faça ginástica ou pratique algum esporte.

O resultado é o aumento da produção de endorfinas e testosterona. Aumentará a sua sensação de bem-estar e você terá mais ânimo e disposição.

9) Preocupe-se em melhorar sempre o senso de humor.

Rir é o melhor remédio para muitas situações. Com um sorriso você derrete qualquer gelo. As pessoas preferem se relacionar com os bem-humorados.

10) Coloque sempre foco nas soluções e nunca nos problemas.

11) Pense diferente.

Quando estiver diante de uma situação complicada ou de um problema aparentemente sem solução, mude a abordagem da análise. Pense ao avesso. Seja criativo e verá que para tudo há uma grande solução.

12) Evite encarar as crises como problemas sem solução.

Sentar-se acuado num canto da sala imaginando que não há saída para a crise não a solucionará. Seja resiliente e encare todas as crises.

13) Aceite que a mudança faz parte da vida.

Há mudanças que nos tiram da zona de conforto e por isso tendemos a rejeitá-las. Algumas coisas mudarão, quer você queira ou não. Não se estresse por isso.

14) Persiga seus objetivos.

Lembre-se do que está proposto no capítulo sobre "filmes da mente". É importante você estabelecer objetivos para que saiba aonde quer chegar. Você pode chegar. Vai chegar lá.

15) Seja o protagonista do seu filme e não coadjuvante do filme da vida dos outros.

16) Aprimore a assertividade. Não permita que as pessoas invadam o seu espaço, quando isso vier a prejudicá-lo. Mais de 50% das pessoas que frequentam os divãs dos psicanalistas vão até lá por não saberem dizer "não".

17) Procure oportunidades de autoconhecimento.

O autoconhecimento é um dos pontos fundamentais da filosofia socrática. "Conhece-te a ti mesmo" (Sócrates, 470 a. C.). Quem se conhece sabe como tratar as suas deficiências e os seus pontos fracos. Os mais resilientes crescem nas adversidades.

18) Entenda que problemas não se solucionam por si só.

Se deixá-los sem atenção, eles só crescerão. E, grandes, serão fonte de estresse.

19) Viva bem o dia de hoje.

Se algum problema aparecer, saiba que, dependendo da dedicação para solucioná-lo, ele deixará de fazer parte do seu amanhã.

20) Prepare-se para as adversidades.

Na sua vida pessoal e profissional nada será fácil. A única coisa que você poderá ter certeza é de que problemas brotarão todos os dias. Habitue-se a transformar os problemas em desafios. Terá mais força para encará-los e vencê-los.

Veja se o título deste poema não poderia ser "Resiliência"?

De tudo ficaram três coisas...
A certeza de estamos começando...
A certeza de que é preciso continuar...
A certeza de que podemos ser interrompidos antes de terminar...
Façamos da interrupção um novo caminho...
Da queda, um passo de dança...
Do medo, uma escada...
Do sonho, uma ponte...
Da procura, um encontro!

"Nasci homem, morro menino" (Fernando Sabino)

Síndrome de Burnout

Foram o psicanalista americano Herbert J. Freudenberger e sua parceira, Christina Maslach, psicóloga social, que no início dos anos 70 identificaram a síndrome de *Burnout* como sendo uma resposta emocional a situações de estresse crônico em função de relações intensas – em situações de trabalho – com outras pessoas, ou de profissionais que apresentam grandes expectativas em relação a seus desenvolvimentos profissionais e dedicação à profissão. Foram identificadas como pessoas estressadas ao máximo, a ponto de se consumirem, de se afundarem com a doença.

"To burn out" é uma expressão inglesa que significa queimar por completo, consumir-se. Imagine um frasco com álcool que, ao ser incendiado, vai se queimando, e se queima todo. Há pessoas que *burn out* em razão do estresse.

Freudenberger notou que muitos de seus colegas, antes apaixonados pelas suas realizações e atividades, depois de um tempo perdiam o interesse pela profissão e se transformavam em estressados e depressivos, capazes de tratar os próprios pacientes com crescente insensibilidade e desinteresse.

Ao analisar outras profissões, percebia os mesmos problemas: oscilações de humor, distúrbios do sono, dificuldade de concentração, muitas vezes combinados com sintomas físicos, como dor de cabeça ou problemas digestivos.

Além de dar nome à sua descoberta, Freudenberger definiu o *Burnout* como "um estado de esgotamento físico e mental cuja causa está intimamente ligada ao estresse ocasionado pela atividade profissional".

Burnout é o ponto de "fusão" emocional provocado pelo estresse profissional. É como o milho de pipoca na panela, nadando em gordura quente. Transformado pelo fogo poderá explodir e se transformar numa linda flor branca. Uso a metáfora da pipoca para fazer uma analogia com o profissional que venceu o estresse e aprendeu com o *Burnout*. Ficou melhor do que era antes. Mas, como disse, há milho que se queima com o mesmo calor transformado. Não explode, não se transforma em pipoca.

Além do estresse causado por problemas profissionais, há diversos outros efeitos externos que podem *Burnout* a vida como:

- Ser sequestrado ou ter uma pessoa muito próxima vítima de sequestro;
- Separar-se de uma pessoa amada de forma abrupta, porque acabou o amor por parte dela, ou por motivo de mudança de domicílio, ou por qualquer outro motivo indesejado;
- Por ter sido atingido por uma doença incurável;
- Por perder o emprego, ou empresário cuja empresa quebrou;
- Perder pai, mãe ou filho, ou outra pessoa muito próxima;
- Ter a casa invadida pelas águas ou destruída pelos ventos, levando à perda de todos os bens pessoais;

Você certamente vai se lembrar de muitas outras "desgraças" que poderiam levar uma pessoa a *Burnout*.

Na vida moderna está cada vez mais difícil não entrar em *Burnout*. A sociedade está em constante mudança e a uma velocidade sempre mais rápida. Não temos tempo de absorver tanta quebra de valores e de paradigmas.

Assim, está cada vez mais difícil a adaptação aos novos modos de fazer as coisas, de trabalhar, de aceitar novas formas de pensar e de agir etc.

E você, caro leitor, é daqueles que diante de um problema, grande ou pequeno, tem reações físicas imediatas? Você sente dor de estômago, de cabeça? Tem enjoo, fica com as pernas bambas, sente falta de ar?

Vou lhe dar uma boa notícia: você é normal. Isso acontece com a maioria das pessoas normais.

Uma outra boa notícia é que, se você praticar com regularidade o *Neomindfulness®*, e desenvolver a sua resiliência, esses efeitos diminuirão a ponto de não lhe causarem estresse e, consequentemente, evitando a ocorrência do *Burnout*.

As pessoas mais resilientes sofrem menos as consequências de todas as situações de estresse. Elas entendem que o fogo que queima é o mesmo que transforma. Entendem que, se além de serem mais resilientes, estiverem preparadas para enfrentar com resiliência cada nova grande situação estressante, não se machucarão e nem entrarão em *Burnout*.

Mas há pessoas e coisas na vida que nem o fogo transforma. Por mais que o fogo as esquente, se recusam a mudar. Essas pessoas são como piruás. Não se transformam e são rejeitadas.

A pipoca dá alegria até quando estoura. É bonita de se ver e dá muita "satisfação". O piruá é isolado ou cuspido. Triste fim o do piruá.

E você? Já foi transformado pelo fogo?

Agora você já entendeu que nem sempre o fogo que o esquenta vai queimá-lo. Mas, se estiver numa panela quente, no que você prefere se transformar? Quer ser pipoca ou piruá?

Filmes da mente e formulação de objetivos

A mente consciente nos mantém em contato com o mundo exterior por meio dos cinco sentidos: visão, audição, tato, paladar e olfato.

Entre todos os animais, somos os que têm os sentidos menos eficientes. Os animais chamados de irracionais têm principalmente o olfato e a audição muito mais aguçados do que nós. Identificam à distância suas presas ou os perigos.

Nossos sentidos têm atividade no mínimo igual ao dos animais. O que aconteceu foi que, com o passar do tempo, o ser humano foi se acostumando com as suas "limitações".

Nossos sentidos são plenos, nós é que os bloqueamos e não sabemos acessá-los. Fica fácil de aceitar isso, se imaginarmos o que acontece com pessoas que têm limitação de um ou mais sentidos. Elas compensam o déficit usando mais eficazmente outros sentidos. Os cegos, por exemplo, têm o tato, o olfato e a audição mais aguçados. Isso tem a ver com a homeostase, ou seja, com o equilíbrio dinâmico. Nossa mente consciente compensa a deficiência de um dos sentidos com a potencialização de outros.

Aí está uma das explicações de o *Neomindfulness®*, facilitando a homeostase, possibilitar melhor concentração, ativação da memória, desenvolvimento da criatividade etc.

Nossa mente, como manifestações da consciência pura, faz o possível para nos manter equilibrados, compensando de alguma forma as deficiências ocasionais ou congênitas. A mente aciona os movimentos do corpo e as reações ante a emoções como medo, amor, felicidade, tristeza etc. Ela é responsável pelo nosso sucesso e, logicamente, pelo nosso fracasso. Creio que você vai concordar que o controle da mente pode nos ajudar a ter a vida que desejamos.

Quando estamos relaxados, e principalmente logo após a meditação, o acesso à mente é muito mais fácil. Os objetivos formulados para a nossa vida ficam mais marcantes. Saber interferir na nossa mente permite que a controlemos.

Podemos ocupar nossas mentes com coisas ruins, negativas, destrutivas, que não agregam nada de bom, ou ter pensamentos positivos, realistas, sob uma ótica otimista (se você ainda não leu, recomendo a leitura do livro *"O Segredo"*, de Rhonda Byrne. Assista também ao filme *"Quem somos nós"*). Utilizar nossa mente para boas atitudes e ações sempre produz ótimos resultados.

Há pessoas bem-humoradas que, principalmente por essa característica, são bem aceitas nos ambientes que frequentam. Há os "chatos sociais", aqueles que, ao chegar a uma festa ou mesmo aos *coffee-breaks* dos eventos da vida, têm o poder de desfazer grupos que estão conversando animadamente. São os urubulinos, só falam de coisas ruins, só contam desgraças. Se alguém fala de algum problema, esse tipo nem escuta direito, nem espera o final e interrompe contando uma desgraça maior. Chegam com uma carga negativa tão grande que afundam uma festa. Quando participam de reuniões, as pessoas ficam bocejando perto dele. Desconfiam de tudo e de todos. Discutem com facilidade e não aceitam o sucesso e o brilho dos outros. Estão sempre enrolados e atribuindo aos outros a culpa de tudo que acontece de errado em seus negócios, empregos, relacionamentos e nas suas vidas. Explodem por qualquer coisa. Brigam no trânsito, nos caixas dos supermercados e nos balcões dos aeroportos. Reclamam dos serviços dos garçons e dos professores dos seus filhos. Para essas pessoas nada dá muito certo. Elas só não se dão conta de que o problema está *nelas*, e não no mundo. E por fim, para justificar suas atitudes, dizem que estão estressados e que por isso precisam ser mais bem entendidas pelos outros. Atribuem todos os problemas ao destino, à má sorte, a uma fase ruim que estão passando, por culpa de alguém ou da conjuntura. Afinal, a carga que estão carregando é grande e, todos os demais "lero-leros" que você possa imaginar.

Não importa agora saber que tipo de pessoa você é. O que conta mesmo é que você tenha consciência do tipo de pessoa você quer ser.

Para ocupar a sua cabeça com coisas boas e positivas, que vão lhe dar uma vida mais tranquila e impulsioná-lo para o sucesso, sugiro que aproveite cada prática do nosso treinamento, para formular sugestões que possam ajudá-lo na solução de problemas, a melhorar relacionamento em casa com esposa e/ou filhos, com a namorada ou parceira, com chefes ou subordinados, com amigos, enfim, na sua vida, no trabalho e na sociedade como um todo.

Algumas escolas de meditação chamam tais sugestões de "filmes da mente", e podem ser encaradas como a manifestação da consciência pura.

Nos filmes da mente, você faz aflorar as imagens interiores, visualiza tudo que quer que aconteça na sua vida. Isso não tem nada de místico, nem se parece com as promessas que muita gente faz para determinados santos, pedindo que "milagres" aconteçam na sua vida. Essa manifestação da consciência pura se parece com algumas técnicas da PNL, Programação Neurolinguística, que propõe a mentalização daquilo que você deseja que aconteça.

Sugiro que você crie filmes para a sua vida. "Escreva", mental ou fisicamente, roteiros de filmes que você quer protagonizar, para realizar as coisas que deseja que aconteçam na sua vida.

Essa "visualização" do que deseja tem sido muito utilizada por executivos, empresários, técnicos de esportes e seus atletas, sempre com ótimos resultados.

Você poderá criar filmes da mente para interferir na área de sua vida que mais desejar, ou mesmo em todas elas.

Se a sua prioridade for resolver algum problema de relacionamento com um filho, crie um filme. Você pode emagrecer se visualizar como deseja ser e quais hábitos precisa mudar.

Muitas doenças podem ser curadas. Há casos comprovados até de cura do câncer (alguns foram citados no livro e no filme *O Segredo*).

Pense no resultado que você quer alcançar e depois crie o filme com as cenas adequadas. Se o caso for muito complexo, crie numa folha de papel um mapa mental (a técnica do *mind map* foi desenvolvida por Tony Buzzan, e há livros a respeito). Quero que você escolha como irá executar essa "lição de casa", se criará os filmes mentalmente apenas, ou se irá escrevê-los ou, ainda, se vai se utilizar de um mapa mental. É muito importante que escolha o que mais se adapta a você e que dá os melhores resultados.

Os filmes da mente, isoladamente, não têm o condão de resolver problemas, como num passe de mágica. Você precisa ir à luta. Fazer as coisas acontecerem conforme os roteiros dos filmes.

Como desenvolver a resiliência por meio dos filmes da mente

O desenvolvimento da resiliência será muito mais fácil com a utilização dos filmes da mente. Identifique os pontos que você quer melhorar e crie roteiros para eles. Se você está tendo problemas sérios de relacionamento com seu chefe, e isso o tem deixado nervoso, crie um filme com o roteiro para solucionar esses problemas. Se você acha que o chefe está estável no cargo (às vezes ele é acionista ou mesmo dono da empresa), precisa ter consciência que não vai adiantar continuar dando murros na ponta da faca. Mesmo contra algumas das suas convicções profissionais, terá de "aceitar" as diferenças que o separam do chefe e encontrar a melhor forma de trabalhar feliz.

Há pessoas que "engolem sapos" o dia todo no trabalho, quase a ponto de podermos classificá-las de resilientes, mas, ao chegarem em casa, demonstram pouca resiliência e estouram com seus familiares. Perdem a paciência justamente com as pessoas que a amam, culpando o dia difícil que tiveram. Cá para nós, as pessoas que nos esperam em casa com muito amor, ávidas para contar as novidades do dia, quem sabe até necessitadas de dividir algum problema pelo qual passaram, não podem ser transformadas num "saco de pancadas", só porque tivemos problemas no nosso ambiente profissional.

Concordo que seja um tanto quanto difícil evitar que os problemas profissionais contaminem o ambiente familiar. Mas eu afirmo que isso é plenamente possível.

Por meio da prática do *Neomindfulness*® e do desenvolvimento da resiliência, essa interferência poderá ser zerada.

Formulação de objetivos

Há coisas mais simples que você poderá resolver ou assimilar apenas com a formulação de objetivos, sem a necessidade de criar um filme.

Se o objetivo for muito importante, você pode repeti-lo por vários dias seguidos, sempre que fizer os exercícios do *Neomindfulness®*. Pode escrever com letras grandes em uma folha de papel e colar na frente da sua mesa de trabalho.

Lembra da música que num dos versos diz "eu era feliz e não sabia"? Se você sabe que tem tudo para ser feliz, mas apenas não entroniza essa percepção, crie uma frase que o faça lembrar disso. Exemplo: "Tenho uma ótima saúde, estou bem comigo e com a minha família, tenho paz de espírito, estou bem financeira e profissionalmente. Vou curtir mais o equilíbrio e o sucesso que alcancei e serei cada vez mais feliz, até porque tenho muito mais que a grande maioria das pessoas".

E o ideal é que você consiga sintetizar o pensamento em uma frase curta. Exemplifico a partir da frase acima: "Sou feliz e quero ter cada vez mais consciência da minha felicidade".

Você mesmo tem de criar os seus objetivos, os seus propósitos, com a sua forma de pensar, com as suas palavras. Isso resultará numa mudança de crenças e de comportamento. Acredite na força das palavras. Tanto no livro *O Segredo*, como na PNL, há ênfase no uso das palavras adequadas, uma vez que elas têm muita força.

Faça agora mesmo um teste.

Sinta como mudam as suas reações, o seu humor, o seu estado de espírito, reações, seus músculos faciais, seus olhos, ao ler e pensar detidamente nas seguintes palavras: Alegria; Amor; Felicidade; Flores; Sorriso.

Agora pense no seu doce preferido e perceba se não deu água na sua boca.

Pense em como é refrescante tomar um copo de água bem gelada num dia de muito calor.

É gostoso deitar em sua cama, com lençóis limpinhos e perfumados, após um dia de muito cansaço físico?

Pois é, tenho certeza de que todos esses pensamentos, por mais simplórios que possam ter parecido, mexeram muito com você e o deixaram mais alegre e feliz.

Importante: curta essa sensação de felicidade e espere pelo menos dois minutos para dar continuidade à leitura.

Infelizmente, para que você sinta o peso das palavras negativas, analise agora as suas reações ao ler as seguintes palavras: Doença; Violência; Tortura; Maldade; Morte; Dor.

Este exercício é muito importante. Peço que leia tudo lentamente. Pense efetivamente nas sugestões que estou apresentando.

Pense na morte de uma pessoa que você amou. Lembre-se do rosto dela. Dá tristeza? Pense nessa pessoa por um minuto antes de ler a linha a seguir.

Pense na eventualidade da morte de uma pessoa muito próxima de você. Dá mais tristeza ainda, e quase um desespero? Pense por um minuto antes de ler a linha abaixo.

Como seriam suas dores após um acidente em que se machucasse muito? Imagine as dores por um minuto.

E no desprazer de ir a um velório, mesmo de pessoa não muito próxima?

Se eu prolongasse este exercício você poderia chegar às lágrimas.

Percebeu a força das palavras e dos pensamentos? Nada aconteceu. Você apenas pensou e teve as reações. Nosso cérebro, ou nosso intelecto e, em última instância, nossa mente, funcionam de acordo com os estímulos que recebem.

Minha sugestão é: **preencha sua mente, sempre que possível, com coisas positivas. Assim, não deixará muito espaço para as negativas.**

Faça formulação de objetivos positivos para você.

O nosso cérebro, por si mesmo, não separa imagens reais de imagens abstratas.

Um exemplo: se você acorda com alguma dor e meio indisposto porque dormiu por muito tempo em uma posição incômoda, e associa essa indisposição com alguma doença, para o seu cérebro você está doente.

Outro: quando você fica repetindo sistematicamente que está cansado, esgotado, estressado e que precisa rapidamente de férias, seu cérebro assimila essa situação de "estresse". Certamente você já teve dias em que estava se sentindo muito feliz e que algumas coisas "ruins" aconteceram, mas não o tiraram do sério. Coisas que em outros dias causariam reação agressiva imediata, nesse dia especial não afetaram o seu bom humor.

Muito importante: em todos os dias que você acordar achando que não está muito bem, e mesmo após praticar o *Neomindfulness®* continuar com certa indisposição, sentindo que está dominado por uma energia negativa, *faça mais seriamente do que em outros dias a sua formulação de objetivos.* Para esses dias proponho um raciocínio-padrão:

Pense que você é quem comanda a sua mente. E pense que você pode optar por ter um dia feliz, com muita disposição, ou um dia chato, sentindo-se de mal com a vida e quase arrependido por ter nascido.

Que tipo de dia você prefere ter?

Verá como é forte a sua capacidade de influenciar a sua mente e, consequentemente, a sua vida. Claro que nem tudo serão flores daqui para a frente, mesmo porque até flores têm espinhos, mas meu desejo é que, a partir de agora, você passe a entender que poderá ter somente dias maravilhosos e felizes.

Relaciono a seguir algumas dessas "formulações de objetivos" para que você entenda como criar as suas, com as suas palavras. Uma parte do que apresento foi proposta por Joseph Murphy, um dos disseminadores do movimento "Novo Pensamento".

Estou em perfeita harmonia. Terei um dia maravilhoso.

Agradeço a Deus pela vida saudável e feliz que eu tenho e pelo dinheiro que consigo ganhar.

Aceito as críticas e as uso para corrigir minhas falhas.

Aprendo muito com a vida, e a cada dia eu vivo cada vez melhor.

Ninguém tem o poder de me derrotar, e nem de me magoar, se eu não permitir.

Espero ter apresentado explicações e motivos suficientes para que você decida comandar os pensamentos que interferem na qualidade do seu humor, da sua vida e da sua felicidade.

Daqui em diante vamos tratar das outras "ferramentas" que você usará para alcançar um novo equilíbrio em sua vida.

O Livro da Meditação Mindfulness

Entendendo a meditação

Há conceitos errados com relação ao que seja *meditação*. Ao contrário do que muita gente pensa, meditar não é "parar para pensar", não é focar em um assunto ou um problema e "meditar" a respeito.

É comum, diante de determinada situação inusitada, ouvirmos "me deixa meditar um pouco sobre isso e depois voltaremos ao assunto".

Meditar é justamente o oposto disso. Meditar é o "não pensar". Meditar é entrar para o vazio universal. Meditar é um ato de proteger a mente, um ato de limpar a mente e relaxar o corpo.

A verdadeira meditação acontece quando você está com sua energia e suas forças internas equilibradas e você está integrado ao universo. Você é o universo. Você está unido a Deus. Você é Deus.

Vou demonstrar o que é a meditação e você aprenderá como praticá-la no capítulo dos exercícios do *Neomindfulness®*. Logo a seguir tratarei da neurofisiologia da meditação, ou seja, das explicações científicas sobre a meditação e seus impactos no cérebro, na mente e no corpo.

Meditar é nos colocarmos em silêncio. É ficarmos relaxados tão profundamente que nos identificamos com o nosso Eu interior e formamos uma só unidade consciente e inconsciente.

A meditação é uma técnica para acalmar nossos pensamentos e nos levar ao *mindfulness*. Ela dá uma estabilidade à mente e leva ao crescimento da sabedoria. Aos poucos, a sabedoria que cresce em nós por meio da prática da meditação será aplicada às situações do nosso dia a dia. Isto é seguro: os praticantes do *Neomindfulness®*, já em *mindfulness* vão contribuir para a melhoria de todos os ambientes em que atuam. Os benefícios do *Neomindfulness®* se irradiam para as pessoas com quem convivemos.

Claro que o *mindfulness* não o carregará para outro mundo, mas revelará as dimensões mais profundas e maravilhosas do mundo no qual você já vive.

Com a prática do *Neomindfulness®* você desenvolverá a capacidade de contemplar a influência que está exercendo sobre seu mundo e os ganhos obtidos na vida.

Para Roger Walsh, "o termo [meditação] se refere a uma família de práticas que treinam a atenção, a fim de submeter os processos mentais a um maior controle da vontade, além de cultivar certas qualidades mentais como a atenção, a percepção, a concentração, a equanimidade e o amor. Ela visa o desenvolvimento de estados ótimos de consciência e de bem-estar psicológicos".

A meditação é uma prática de concentração que induz a pessoa a estados alterados de consciência ou, simplesmente, a um estado de relaxamento e melhor oxigenação do cérebro, dependendo do método que se utiliza e por quanto tempo. Se por um ano, dez anos ou mais...

Ao falar de Estados Alterados de Consciência (*mindfulness*, por exemplo) atingidos em práticas longas e bem orientadas de meditação em seu livro *A Mente Meditativa*, Daniel Goleman faz referência ao estudo e à vivência dos estados alterados de consciência em meditação. Ele escreve: "Na Índia encontrei-me com Neemkaroli Baba, que era muito mais do que eu podia ter esperado. Ele vivia no estado chamado *sahaj samadhi*, no qual os estados alterados de consciência eram parte integrante de sua vida. Em sua presença, tinha-se a sensação de espaço infinito e de atemporalidade, bem como de profundo amor e compaixão".

Hui-neng, o sexto patriarca do budismo Zen, disse: "O que é meditação sentada? Nos removermos de todas as distrações externas e aquietar a mente é chamado 'sentar'. Observar a natureza interior em calma perfeita é chamado 'meditação'".

Hui-neng disse também: "Remover-se de toda forma externa é chamado 'meditação' (*dhyana*). Estar perfeitamente interiorizado e tranquilo é chamado 'concentração' (*samadhi*)".

Immanuel Kant afirmou: *"Ciência é conhecimento organizado. Sabedoria é vida organizada".*

A meditação e sua origem

A meditação surgiu no Oriente, mas suas origens se perderam no tempo. Hoje existem muitos métodos disponíveis no mundo meditativo terapêutico ou religioso e contemplativo.

Citei anteriormente o livro de Daniel Goleman, *A Mente Meditativa*, que é da década de 1980, mas aqui no Ocidente a meditação vem se difundindo mais nos últimos 50 anos, quando passamos a conhecer melhor e a estudar o Budismo e o Hinduísmo.

O Yoga tem sido o principal responsável pela sua difusão, mas há também outras importantes escolas de meditação que atuam de forma independente do Yoga, como a Meditação Transcendental, que teve um grande impulso no Ocidente em razão do encontro dos Beatles com o guru Maharishi Mahesh Yogi na década de 1970.

De lá para cá surgiu uma infinidade de gurus trazendo novas técnicas de meditação, e todos conseguem atrair muitos adeptos.

Creio que a própria invasão do Tibet pelos chineses e a constituição de um "governo tibetano" fora do seu território, tendo o Dalai Lama como seu ícone, despertaram também a nossa atenção, tanto pela sua luta pela libertação do Tibet, como pelos seus ensinamentos. Os livros do Dalai Lama ou a respeito dele são *best-sellers* em todo o Ocidente.

A meditação praticada pelos monges tibetanos passou a ser motivo de "curiosidade" e de estudos pelos ocidentais. Cientistas de várias partes do mundo têm se dedicado a estudar os cérebros dos monges, principalmente em estado de meditação. Vamos tratar disso no capítulo da neurofisiologia da meditação.

Por enquanto, quero apenas que você entenda o que é meditação. E, ao entender, terá realizado um grande feito, pois pouca gente conseguiu isso até agora. Assim, por meio do *Neomindfulness®*, você aprenderá a fazer um relaxamento tão profundo que o deixará em plenas condições de praticar a melhor meditação e viver em *mindfulness*.

Segundo Osho, "quando você não está fazendo absolutamente nada – corporalmente, mentalmente, em qualquer nível –, quando toda a atividade cessou e você simplesmente *é*, apenas sendo, isso é meditação. Você não pode fazê-la, você não pode praticá-la; você tem apenas que compreendê-la". Releia o que Osho disse.

Sempre que você encontrar tempo para apenas *ser*, abandone todo o *fazer*. Lembre-se: pensar também é um fazer, concentração também é um fazer, contemplação também é um fazer. Mesmo que apenas por um único momento você fique sem fazer nada, simplesmente permanecendo no seu centro, totalmente relaxado – isso é meditação. E uma vez que você tenha descoberto a forma de fazer isso, você pode permanecer nesse estado tanto tempo quanto quiser. É questão de praticar. A prática continuada da meditação resultará na possibilidade de você permanecer nesse estado durante as vinte e quatro horas do dia, ou seja, em *mindfulness*, que é o estado de concentração plena.

Uma vez que você tenha se tornado consciente de como o seu ser pode permanecer sem perturbação, então, vagarosamente, você pode começar a fazer coisas, mantendo-se alerta sem que o seu ser se agite. Essa é a segunda parte da meditação – a primeira, você já sabe, é aprender a simplesmente ser e, em seguida, aprender pequenas ações, como limpar o chão ou tomar um banho, mas permanecendo centrado. Depois você poderá fazer coisas mais complexas.

Ou seja, a meditação não é *contra* a ação. Não é que você tenha que escapar da vida. Ela simplesmente o ensina uma nova maneira de viver: você se torna o centro do ciclone.

A sua vida continua; continua de uma maneira muito mais intensa – com mais alegria, com mais clareza, mais visão, mais criatividade – no entanto, você está distanciado, é apenas um observador nas colinas, assistindo simplesmente ao que está acontecendo ao seu redor.

Você não é aquele que faz, você é o observador.

Esse é todo o segredo da meditação: você se tornar o observador. O fazer continua em seu próprio nível, não há nenhum problema nisso: cortar madeira, tirar água do poço. Você pode fazer coisas pequenas e coisas grandes; só uma coisa não é permitida: o seu centramento não pode se perder.

Essa consciência, esse estado de observação, deve permanecer absolutamente desanuviada, sem perturbação.

Vale a pena citar Osho novamente: "Seus pensamentos não possuem quaisquer raízes, eles não têm nenhum lar; eles perambulam exatamente como nuvens. Assim, você não precisa combatê-los, você não precisa ir contra eles, você não precisa nem mesmo tentar parar os pensamentos. Isso deve tornar-se um profundo entendimento para você, pois sempre quando uma pessoa se interessa por meditação ela começa tentando parar de pensar. E se você tentar parar os pensamentos, o próprio esforço de meditar é um pensamento, o próprio esforço de alcançar o estado búdico é um pensamento. E como você pode parar um pensamento com outro pensamento? Como você pode parar a mente criando outra mente? Depois você ficará apegado a esta outra mente. E isso vai continuar... até enjoar; depois não há nenhum fim para isso. Não lute – pois quem irá lutar? Quem é você? Apenas um pensamento, assim, não faça de si mesmo um campo de batalha de um pensamento combatendo o outro. Ao invés disso, seja uma testemunha, você apenas observa os pensamentos flutuando. Eles param, mas não pelo seu parar. Eles param pelo seu ficar mais cônscio, não por qualquer esforço de sua parte para pará-los".

Destaco ainda outra declaração de Osho: "Eu não sou um messias e não sou um missionário. E não estou aqui para estabelecer uma igreja ou para dar uma doutrina ao mundo, uma nova religião, não. Meu esforço é totalmente diferente: uma nova consciência, não uma nova religião, uma nova consciência, não uma nova doutrina. Chega de doutrinas e chega de religiões! O homem necessita de uma nova consciência. E a única maneira de trazer uma nova consciência é continuar martelando por todos os lados para que lenta, lentamente, nacos de sua mente se desprendam. A estátua de um Buda está oculta em você. Nesse momento você é uma rocha. Se eu continuar martelando, cortando fora pedaços de você, lenta, lentamente o Buda surgirá".

A Meditação nas diversas religiões

O Zen é a escola budista mais conhecida e de maior expansão no Ocidente.

Para Buda, meditação era sentar e meditar, sem rituais ou complicações.

Zen ou Zen-budismo é a síntese doutrinária dos ensinamentos do Gautama Buddha. O Zen é uma prática que revela ao ser humano sua verdadeira natureza que aponta diretamente para a essência do ser.

Za é sentar em japonês. *Zen* vem do sânscrito e significa meditação, contemplação, conexão. Chega a ser simples o entendimento do *Zazen*, é quase um imperativo: sente e medite. Essa é a única forma de estabelecer a unidade entre corpo e mente.

O *Neomindfulness®* nada mais é do que um programa que possibilita essa unidade entre o corpo e a mente.

A prática do Zazen, nas palavras de Buda, é em si mesma o caminho para a plena iluminação, ou seja, para o nirvana.

Mas como eu já disse, a prática da meditação não é exclusiva dos budistas. Várias religiões têm sua versão dessa prática.

No Hinduísmo, os textos sagrados do período védico, entre 1000 e 2000 a.C., fazem referências a mantras e contemplações. A meditação é uma das principais práticas do conjunto de escolas religiosas da Índia conhecido como Hinduísmo.

A Cabala Judaica fala de meditação como uma forma de entrar em comunhão com Deus.

No Islamismo, há referências de que, por volta do ano 1000, os sufis, que constituem o segmento místico dos muçulmanos, incorporaram a meditação aos seus rituais.

Encerro este capítulo dizendo que a verdadeira meditação é 0% de pensamentos e 100% de consciência, ou seja, *Mindfulness*, Estado de Atenção Plena.

Meditar é se conectar ao Cosmos e se tornar uno com Ele.

A prática da meditação faz com que quase tudo possa ser feito na vida meditando. Há pessoas que, por se dedicarem com determinação à prática da meditação, acabam atingindo o quarto estado de consciência. Estão em constante estado de meditação, mesmo quando estão andando, ou em diálogo com pessoas, ou executando determinados trabalhos, principalmente os mais criativos.

Essas pessoas não interrompem mais os afazeres do dia a dia para meditar. Atingiram a transcendência.

Trato mais disso em outros capítulos.

Neurofisiologia da meditação

A meditação é um ato puramente fisiológico, que é praticado com o *Neomindfulness®* sem grandes complicações, e que possibilita entrar nos estados alterados de consciência, com ondas cerebrais diferentes para os estágios de relaxamento e de meditação, cuja comprovação é feita por meio do eletroencefalograma e de outros exames com equipamentos mais sofisticados como o imageamento do cérebro.

Em um trabalho de fôlego, Marcello Danucalov e Roberto Simões aprofundaram-se no estudo da neurofisiologia da meditação, e relatam em seu livro que "as pesquisas realizadas com praticantes da meditação e/ou Yoga apontam para inúmeras alterações fisiológicas, tais como: reduções da frequência cardíaca, alterações do fluxo sanguíneo encefálico e da atividade eletroencefalográfica, modificações nas concentrações de inúmeras substâncias neurotransmissoras, variações hormonais, reduções da temperatura corporal, aumentos no volume sanguíneo, alterações dos sentidos e das percepções, aumento da resistência galvânica da pele, diminuições da resistência vascular periférica, quedas no consumo de oxigênio e da produção de gás carbônico, assim como acentuadas reduções no lactato sanguíneo, além de outras modificações que ocorrem durante o processo meditativo. Logo, torna-se praticamente impossível não revisarmos alguns dos nossos conceitos de fisiologia humana, mais especificamente aqueles relacionados ao controle do sistema nervoso autônomo, que alguns autores irão chamar de estado hipometabólico consciente. Esse estado é descrito por Kesterson e Clinch como uma taxa metabólica basal de um indivíduo em descanso passivo, depois de uma noite de sono e de dezesseis horas em jejum. A meditação profunda parece conduzir alguns yogues mais experientes a este mesmo estado de hipometabolismo basal".

Resumindo, nos dias de hoje podemos comprovar cientificamente os estados de meditação e as alterações físicas deles resultantes. Meditar deixa de ser algo um tanto quanto "místico" e passa a ser um estado alterado de consciência que pode ser medido pelo eletroencefalograma.

A Neurofisiologia avançou no conceito do que é meditação, para um bem mais amplo, que é o Estado de Atenção Plena (*Mindfulness*).

EAPs são estados da consciência em que alguém "perde" o senso da identidade com o corpo ou com as percepções. Podem ser conseguidos pela meditação. Pessoas também podem estar em EAP como consequência de traumas, de algum desequilíbrio neuroquímico de processos febris, de dança, de orações e cantos frenéticos ou pelo uso de drogas psicotrópicas.

Ao tratar da meditação nos diversos capítulos deste livro, não repito o conceito do Estado de Atenção Plena (EAP) apenas por motivos didáticos. Quero valorizar a meditação em si com seus efeitos e benefícios.

EAP é uma constatação científica, e por isso dou destaque a ele. Acredito que nos próximos anos o conceito de *Mindfulness* estará amplamente disseminado.

Os estados alterados de consciência e as ondas cerebrais

Você está em um estado alterado de consciência quando as ondas do seu cérebro mudam de frequência. Descobriu-se que as atividades psíquica, racional e emocional têm relação direta com a frequência das ondas cerebrais.

É muito importante o fato de poder medir as ondas cerebrais com aparelhos eletrônicos, pois isso dá a fundamentação científica para o relaxamento e a meditação.

Não estamos apenas conjecturando sobre os estados alterados de consciência, mas provando cientificamente a existência dos diversos estados.

Dependendo da sua atividade, as células cerebrais produzem ondas eletromagnéticas que podem ser medidas por meio de aparelhos eletrônicos como o eletroencefalograma.

As frequências dessas ondas são medidas em ciclos por segundo ou em hertz, o que é a mesma coisa.

Para os diferentes estados de consciência, como vigília, relaxamento, meditação, sono etc., as ondas cerebrais mudam de frequência. O pulsar do nosso cérebro varia de acordo com a sua atividade.

O mais importante é que por meio do *Neomindfulness®* você aprenderá a entrar em estados alterados de consciência de modo natural. Isso trará muitos benefícios, pois desenvolvendo o autocontrole você poderá ajustar a energia do seu cérebro para a situação que quiser vivenciar.

Praticando o *Neomindfulness®*, você poderá alterar o seu estado de consciência, da mesma forma que é conseguida pelos yoges avançados, e até mesmo por mestres em Yoga, monges tibetanos e Zen-budistas.

Quando estiver praticando nossos métodos de relaxamento e de meditação, atingirá tal grau de tranquilidade que fará com que o nível de atividade cerebral fique mais lento, produzindo ondas alpha e theta. Ao contrário, quanto mais ativo estiver, ondas cerebrais de maior frequência serão geradas.

GAMA

Gama é a frequência em que vivem as pessoas ansiosas, estressadas, infelizes, movidas por desejo de vingança e pelo ódio. Pessoas hiperativas e que convivem com batimentos cardíacos mais acelerados estão vivendo numa frequência que pode variar entre 30 Hz e 65 Hz. Além do estresse, essas pessoas possuem maiores chances desenvolver doenças graves, inclusive o câncer.

Por tudo isso, essa frequência é também conhecida como a *onda maldita*, e é considerada como a grande destruidora dos seres humanos.

Não trato dessa onda em profundidade porque felizmente apenas uma pequena parte dos humanos é movida nessa frequência.

BETA

É o estado de consciência em que você está em vigília, desperto e alerta, preparado "para o que der e vier". É o estado de consciência normal. Quando você está trabalhando, dirigindo, falando, praticando esportes (principalmente os coletivos) etc. está em Beta. Os neurônios transmitem as informações rapidamente. Sua mente está concentrada, e você está pronto para trabalhos que requerem atenção total. A faixa de ondas Beta está entre 13 Hz e 30 Hz.

ALPHA

Quando você está relaxado, com seus sentidos em repouso, sua atividade cerebral funciona por meio das ondas Alpha, que são mais lentas.

Há uma melhora no raciocínio e na concentração. Melhoram também a intuição, criatividade, imaginação e a memória. Sua consciência se expande. Sua energia criativa começa a fluir, e a ansiedade desaparece. Você experimenta uma sensação de paz e bem-estar.

A utilização de programas com ondas Alpha é muito indicada para tratamento do estresse. Essas ondas são excelentes para a solução de problemas, memorização e relaxamento.

As pessoas que meditam fazem isso no estado alpha.

Durante a prática dos exercícios de relaxamento do *Neomindfulness®*, suas ondas cerebrais serão Alpha.

A faixa de ondas Alpha está entre 7 e 12 Hz.

THETA

Após fazer os exercícios de relaxamento do *Neomindfulness®* e iniciar a meditação, você entra na faixa de ondas cerebrais Theta, nas quais a atividade cerebral baixa ao nível semelhante ao do sono. Fica em estado quase hipnótico.

Theta leva você à meditação profunda. Você pode sentir a sua mente expandir além dos limites do seu corpo. Os yoges fazem viagens fora do corpo quando estão nesse estado. Em Theta, nós estamos como num "sonho acordado", ficamos receptivos a informações que estão além do nosso estado normal de consciência, ativando estados mentais extrassensoriais. Uma pessoa que dormiu e começou a sonhar está frequentemente em um estado de ondas cerebrais Theta.

Uma constatação interessante sobre os estados alterados de consciência foi feita por pesquisadores que mediram as ondas cerebrais de monges tibetanos quando em meditação. Encontraram em religiosos católicos, em momentos de oração, a mesma frequência de onda. Ambos estavam em Theta.

A faixa das ondas Theta está entre 4 e 7 Hz.

DELTA

Delta é a mais baixa de todas as frequências de ondas cerebrais. Estado alcançado quando em sono profundo.

Delta é a onda cerebral para o acesso ao inconsciente.

Pesquisas revelam que manter a consciência em estado Delta pode abrir o caminho para o subconsciente.

Para um melhor entendimento das alterações de frequências das ondas cerebrais, vou exemplificar como elas baixam da frequência máxima para quase zero.

Durante o dia estamos em Beta. É nessa frequência que vamos para a cama dormir. Ao deitar, apagar as luzes, fechar os olhos e relaxar, nossas ondas cerebrais descerão até Alpha e, posteriormente, para Theta. Quando dormimos, no sono mais profundo, entramos em Delta.

A faixa Delta está entre 0.1 e 4 Hz.

A importância do entendimento das faixas de ondas cerebrais

Por meio do *Neomindfulness*® você poderá alterar o seu estado de consciência, fazendo seu cérebro "vibrar" em diferentes frequências. Durante a prática dos exercícios de relaxamento seu cérebro estará em Alpha e, na meditação, em Theta. Isso significa que está tratando dos males do estresse e de outras "doenças da vida moderna". Você estará fazendo a diferença em sua vida. Com faixa de ondas mais baixas você estará tranquilo e em *mindfulness*, e se tornará uma pessoa mais calma, com mais paz, e atingirá a homeostase.

É nos estágios Alpha e Theta que você poderá criar os filmes da mente e começará a determinar correções no seu dia a dia e a construir o futuro que desejar.

Com o aperfeiçoamento da prática do *Neomindfulness*®, habituando-se a relaxar profundamente, poderá chegar ao nirvana. Você atingirá a transcendência. Mesmo em vigília, ou seja, acordadíssimo, seu cérebro estará "trabalhando" com ondas Alpha.

Treinando a mente para viver em mindfulness

Treinamento subentende treino, você concorda?

Lembra quando aprendeu a andar de bicicleta? Saía todo inseguro e cambaleando para todos os lados.

Se você é uma pessoa normal, saiba que no aprendizado do *Neomindfulness*® também vai "cambalear" muito. Sua mente vai viajar por lugares que você não está querendo. Você terá dificuldades de manter uma concentração plena.

O mesmo acontece com pessoas que se iniciam em quaisquer das outras técnicas de meditação. Por incrível que pareça, meditar – que é apenas abster-se de pensar – é muito difícil.

Para nós, ocidentais, não iniciados nos Zens da vida oriental e sem pós-graduação em Yoga, qualquer tipo de concentração é muito mais difícil.

Outras inconveniências, que você também poderá sentir, e que dificultarão a concentração, são algumas "descargas autogênicas". Elas são normais, mas também motivo constante de distração.

Ao iniciar o relaxamento e buscar a concentração, poderá sentir coceiras pelo corpo, sensações variáveis de frio e calor, observará as alterações da respiração etc. Tudo o levará à dispersão.

Atingir os estados desejáveis de concentração passiva requer muito treino. O treino principal é deixar a meditação fluir.

Lembre-se sempre do que lhe digo agora: se um pensamento interromper seu relaxamento ou mesmo a meditação, não preste atenção nele. Do mesmo jeito que veio, ele irá embora. Como sua mente estará mais aberta, em sintonia com a energia universal, perceberá que sua criatividade aflorará. Você encontrará soluções para alguns problemas. Faz parte do treinamento não prestar atenção neles. Nada de caderno e caneta ao lado para anotar as ideias. Ao término da prática do *Neomindfulness*®, elas voltarão.

Precisa treinar também a não ouvir os barulhos que o cercam. Se você mora em uma rua barulhenta, assuma que isso faz parte da sua vida e não se distraia com os barulhos quando estiver fazendo seus exercícios de relaxamento e de meditação.

Evite interrupções de pessoas e de animais domésticos. Com o tempo, os barulhos não o perturbarão. E se perturbarem, continue a respiração até que ela volte ao normal e entrará em relaxamento ou meditação de novo. Você precisa treinar muito para que sua mente se habitue aos momentos de bem-estar, não deixando espaço para as perturbações.

O que é mindfulness e o quarto estado de consciência

Você leu nos capítulos em que trato das ondas cerebrais e dos estados alterados de consciência que, por meio do *Neomindfulness®*, sua mente, mesmo em estado de vigília, pode funcionar com frequência de ondas mais baixas.

Saiba que o treino do *Neomindfulness®*, do relaxamento e da meditação, poderá colocá-lo no quarto estado de consciência, a transcendência.

Esse quarto estado de consciência (*mindfulness*) passará a ser integrante da sua vida. Você estará em vigília, trabalhando em alta performance, mas suas ondas cerebrais serão Alpha ou Theta. Estará tranquilo, quase inatingível por problemas que possam tirá-lo dessa situação de homeostase, ou seja, de equilíbrio total.

Você já reparou no rosto e no comportamento do Dalai Lama? Ele está sempre com um sorriso, mesmo quando está tratando de assuntos graves como a invasão do Tibet pelos chineses. Ele transmite paz, amor, compaixão, dá a sensação de que vive de uma forma atemporal. Ocorre que ele atingiu o *samadhi*, que é um estado permanente de meditação. Ele é meditação.

Não tenho por objetivo que você atinja o *samadhi* em um ano de prática do *Neomindfulness®*, mas quero deixar claro que os estados *mindfulness*, de homeostase e de *samadhi* tendem a se fortalecer, e você também pode chegar lá. Basta querer e treinar.

Os resultados mais perceptíveis da vida em *mindfulness* são:

Sentir a vida fluir de forma mais leve, mais fácil, mais calma;

Homeostase. Diminuição radical dos momentos de estresse, dos surtos de descontrole nervoso e da angústia;

Maior controle das reações emotivo-fisiológicas;

Reforço do Ego e visão mais clara sobre si mesmo;
Desenvolvimento da capacidade criativa e artística;
Aumento do rendimento no trabalho;

Sentir com mais frequência a existência de momentos felizes e que sua vida como um todo melhorou, e que está contagiando com seu bom humor, sua calma e felicidade, as pessoas com quem convive.

O Livro dos Exercícios

Exercícios do Neomindfulness®

O início dos exercícios do *Neomindfulness®* se dá no momento do dia em que você decidir relaxar, meditar e se energizar. Lembra-se do que leu sobre a hora do "despertar"?

O ideal é que, quando você decidir iniciar os exercícios, já imagine que vai relaxar, ou seja, prepare sua cabeça para um momento só seu.

Só essa decisão consciente já é meio caminho andado para atingir os resultados que pretende para aquele momento.

Prepare-se para curtir os momentos que você está se dando.

O período inicial da prática do *Neomindfulness®*, que dura cerca de seis meses, tem como grande objetivo o condicionamento mental e físico, para que você possa chegar à autocomutação.

O que é autocomutação?

Ela faz parte do tal "pulo do gato" do *Neomindfulness®*. Como a sua mente já estará condicionada pela prática dos exercícios e pelo uso da frase-âncora, para que você entre de imediato no estado de relaxamento profundo, bastará interromper o que estiver fazendo, realizar um exercício respiratório e usar a frase-âncora. Bom e fácil, não é? Acredite, é simples como estou expondo.

No *Neomindfulness®* você tem exercícios para relaxar e meditar ao acordar pela manhã. E tem um exercício de energização para que comece bem o dia, com muita calma, em *mindfulness*, mas com força e muita energia e preparação para os desafios que sem dúvida surgirão.

Há os exercícios de relaxamento e energização para serem praticados ao longo do dia, e os de relaxamento e meditação para a hora de dormir. Esses garantem um sono tranquilo e reparador.

Exercícios matinais

Se você "aguentar" fazer seu treinamento sem tomar o café da manhã, faça isso. Mas pode tomar água.

Tomar o café da manhã após o treinamento é mais conveniente e lhe dará muito mais prazer. Mas, se tiver o hábito arraigado de tomar café da manhã logo ao levantar, antes de qualquer coisa, pode mantê-lo.

Escolha um lugar da sua casa para fazer o treinamento. Deve ser um local onde você não seja interrompido com o passar de pessoas nem por telefone tocando. Deve ser um lugar com pouca luz, e que você goste dele e se sinta bem. Não acenda incenso. Não escute música "relaxante". Não faça nada que exija atenção ou que possa distraí-lo.

Use uma roupa bem confortável, evite sentir frio ou calor. Pode calçar meias, mas não sapatos, seus pés deverão estar livres.

Inicie os exercícios sempre com alegria e disposição. Esqueça a pressa de sair de casa. Se for o caso, programe-se para levantar um pouco mais cedo. Você vai se dar alguns minutos que serão importantíssimos para ter um dia mais produtivo, tranquilo e feliz. Se você estiver sem tempo suficiente, não faça os exercícios. Não tente fazer os exercícios com pressa, pois eles não surtirão efeito. Deixe para fazê-los em outros momentos do dia ou apenas à noite.

Lembre-se de que, na etapa inicial do *Neomindfulness®*, você terá de fazer o treinamento completo, justamente para ir condicionando mente e corpo. No futuro, precisará de pouquíssimos minutos, uma vez que já estará plenamente condicionado.

Faça sempre, antes dos exercícios, cerca de 3 a 5 minutos de alongamento. Já reparou que os animais estão sempre se alongando? Alongue seus braços, ombros, pescoço e pernas.

A melhor posição para a prática do *Neomindfulness®* é deitado, com as costas no chão. Você deve ter um colchonete com um pequeno suporte para a cabeça.

Darei todas as orientações para os exercícios feitos na posição de decúbito supino, ou seja, deitado de barriga para cima, mas se você preferir poderá fazê-los sentado em uma poltrona confortável.

Exercícios diurnos

Durante o expediente de trabalho poderá fazer na cadeira do escritório. Se estiver em casa, deve fazê-los no seu local preferido. Você também pode fazer ao dirigir um automóvel, quando estiver parado em um congestionamento ou em farol que demora a abrir. Numa sala de espera, até na cadeira do dentista. Pode fazer no banco de uma praça ou de um parque.

E, após a prática constante, poderá relaxar até andando pelas ruas, praias e parques.

Se necessário, releia o capítulo "Atingindo o quarto estado de consciência".

Não vou me referir apenas a monges budistas ou assemelhados. Milhões de pessoas que meditam pelo mundo já estão no estágio de "ser a meditação". Elas não meditam apenas em momentos em que interrompem a rotina para meditar. Estão em constante estado de meditação. São as pessoas a quem nos referimos como "Zen". Utilizo-me do exemplo do Dalai Lama, por ser a figura mais conhecida, ícone da paz interior, do equilíbrio, da resiliência, do amor e da compaixão. Ele está em estado de "iluminação", como Buda e milhares de outros estiveram ou estão.

A "iluminação" está além do quarto estado de consciência, além do *mindfulness*, mas isso já seria motivo de mais um livro, e por isso não vou me aprofundar.

Espero que, só de imaginar os benefícios do *Neomindfulness®*, você se estimule mais ainda a praticá-lo em todos os momentos que tiver oportunidade.

Exercícios noturnos

Você pode escolher realizar três tipos de exercícios noturnos:

A) Antes do jantar. Balanço do dia.

Esse será um momento especial para você. Toda a prática do *Neomindfulness®* é muito importante, mas esta noturna, antes do jantar, pode ser absolutamente diferente das demais. Você a utilizará para fazer um balanço do seu dia.

Sugiro que escolha um lugar na casa que tenha uma mesa e que fique sozinho. Pegue uma folha de papel e lápis ou caneta. Escreva no papel o filme da vida formulado pela manhã. Não escreva mais nada do que umas dez palavras, ou seja, apenas aquilo que faça referência ao filme. Pense no que você fez durante o dia para a realização do filme. Se não fez nada, ou fez muito pouco, não se julgue nem se culpe. Se esse filme é muito importante, que tal repeti-lo na manhã seguinte e "trabalhar" um pouco mais para realizá-lo? Se não era tão importante assim, e você já tem outro filme planejado para o dia seguinte, não se preocupe. Saiba que o simples fato de você ter criado o filme pela manhã e ter lembrado dele no balanço noturno já o deixará registrado no subconsciente.

Freud dizia que tudo que está no seu subconsciente fica em estado de elaboração. Quando você dorme com um problema, poderá acordar com a solução. Se você quiser poderá recriar o mesmo filme no futuro.

Lembre-se da importância dos filmes para você desenvolver a resiliência e com isso se preparar para evitar o estresse ou alguma outra variação das "doenças da vida moderna" que está querendo "curar".

Dando continuidade ao balanço do dia, sugiro que em dias alternados você escreva as coisas boas e as coisas ruins que lhe aconteceram.

Às segundas, quartas e sextas-feiras escreva as três coisas positivas, na mesma folha em que já registrou o filme da vida. Escreva apenas um resumo de cada coisa. A parte mais importante delas.

Normalmente, no início desse tipo de balanço, você terá dificuldades para identificar três coisas que mereçam ser destacadas. Com o tempo lembrará de muito mais do que três, e terá de escolher entre todas, as mais positivas e importantes.

Guarde essa folha em um local seguro, de modo a não ficar acessível a outras pessoas. Na quarta-feira, após escrever as coisas positivas do dia, leia o que escreveu na segunda-feira. Proceda da mesma forma na sexta-feira, lendo o que escreveu na segunda e na quarta-feira. Guarde essas páginas, pois elas não precisarão voltar a ser lidas.

Às terças e quintas-feiras escreverá, da mesma forma que nos outros dias, o filme criado pela manhã. Logo após fazer suas análises e reflexões sobre o filme, faça o balanço das coisas ruins que aconteceram com você.

Utilize uma outra folha e escreva o resumo das três coisas ruins e negativas que aconteceram no seu dia. Dê preferência a escrever sobre as coisas que têm a ver com o processo de desenvolvimento da resiliência pelo qual está passando. Após escrevê-las, releia e pense como pode fazer para evitar que voltem a acontecer. Não pense nelas por mais de um minuto e rasgue o papel. Rasgue várias vezes com força, com determinação. Rasgue pensando que você vai fazer de tudo para melhorar seu comportamento e para evitar que elas voltem a acontecer. Jogue o papel picado no lixo, e ponha o saco de lixo para fora, pois as coisas ruins que acontecem na sua vida têm de ser jogadas fora.

O balanço das coisas que acontecem na sua vida, tanto as positivas como as negativas, tem uma importância simbólica muito grande. Sua consciência valorizará e guardará as coisas boas e descartará as ruins.

Seja livre. Livre-se de preconceitos. Se você quer realmente ser o agente das mudanças que pretende realizar na vida, habitue-se a fazer reflexões sobre a sua vida. Esses "balanços" e reflexões permitirão a mudança de algumas crenças. A cada dia, você será uma pessoa um pouquinho melhor e um pouquinho mais feliz. Estará construindo aos poucos um novo "Eu".

E lembre-se do ensinamento do Taro Gold: **"É fácil ser a pessoa que você sempre foi, porque isso não requer nenhuma mudança, nenhuma autorreflexão e nenhum crescimento. Talvez você pense que mudar significa abrir mão de algumas coisas... Na verdade, não é preciso abrir mão de nada, basta acrescentar ao que já existe!"**

Depois de fazer o "balanço" do dia, você realizará a prática completa dos exercícios do *Neomindfulness®*, iniciando com o exercício de preparação, e depois com os exercícios de relaxamento, meditação e o retrocesso. Perceba que não pensará mais no filme da vida, uma vez que fez isso antes do início dos exercícios.

B) Na hora de dormir, fará apenas o exercício de preparação e a sequência completa dos exercícios de relaxamento e *não* fará meditação e retrocesso. Aproveite o relaxamento para dormir, este é um grande benefício do *Neomindfulness®*. Perceberá que com muita facilidade o estado de relaxamento se converterá em sono fisiológico. Como eu já disse anteriormente, você nunca mais terá dificuldades para dormir.

C) Finalmente, a dose noturna ideal é juntar as duas anteriores. Fazer a prática completa do *Neomindfulness®* antes do jantar e o relaxamento na hora de dormir. Lembre-se de que, após os primeiros seis meses de prática do *Neomindfulness®*, sua mente e seu corpo já responderão naturalmente aos exercícios respiratórios de relaxamento e à mentalização da frase-âncora. Você então conhecerá os benefícios da autocomutação. Mesmo em dias de grande estresse deitará e dormirá com facilidade. Nunca mais terá dificuldade para dormir.

Exercícios de preparação - body scan

A respiração é uma das atividades mais importantes para a qualidade de vida e a boa saúde. Sou capaz de apostar que você, meu caro leitor, respira como a maioria das pessoas. Apenas com a parte de cima do pulmão, inspirando pouco ar, em uma respiração muito curta. Agora chegou a hora de aplicar tudo que leu até aqui sobre respiração.

Faça todos os exercícios do *Neomindfulness*® com os olhos fechados. Inicialmente deite, feche os olhos e relaxe por cerca de um minuto. Solte o corpo e relaxe. Depois, dobre as pernas, levantando os joelhos para cima. Deixe os pés apoiados confortavelmente no chão.

Os braços ficam relaxados, paralelos ao corpo, preferencialmente sem você tocá-lo. Verifique como se sente melhor com as mãos, se com as palmas para o chão ou viradas para cima. Escolha a posição que você sentir ser a mais relaxante.

Faça tudo de forma natural, devagar, sem prestar atenção demais ao que está fazendo. Apenas sinta que está confortável com o seu corpo.

Coloque suas mãos sobre o diafragma, que fica logo abaixo das costelas. (Só vai colocar as mãos sobre o diafragma nos primeiros dias dos exercícios, até você "descobrir e sentir" o diafragma.)

Comece a respirar pelo nariz, mantendo sempre a boca fechada, sentindo os movimentos que o seu baixo tórax (abdômen) faz quando você inspira e expira. O fato de você colocar as mãos sobre o diafragma não deve gerar tensão, pelo contrário. Largue as mãos sobre o diafragma e sinta-o subir e descer.

Relaxe o pescoço. Sinta-o pesado. Vá respirando normalmente, um pouco mais profundamente. Tente encher de ar a parte baixa de seus pulmões e depois a parte superior, sentindo o movimento do abdômen para cima e para baixo.

Vá respirando sem pressa e, depois de sentir o pescoço pesado, relaxe o rosto. Solte as mandíbulas, deixe as bochechas caírem, relaxe a pálpebras. Sinta a testa sem rugas nem tensão. Relaxe os ombros. Sinta cabeça e ombros relaxados enquanto respira.

Continue respirando com a parte baixa do abdômen e enchendo as partes superiores dos pulmões. Faça isso por cerca de 3 minutos.

Importante: não mantenha relógio perto de você e não faça nenhum tipo de contagem mental. O tempo no nosso treinamento é medido pela sua percepção. Citarei minutos e quantidade de vezes de cada exercício apenas como referência. Você deverá fazê-los com uma "contagem" intuitiva, usando seu relógio interior. Sua mente e seu corpo determinarão o momento do término de um exercício. Qualquer preocupação com contagem de tempo ou de repetições de um exercício interfere no "vazio" que você deve alcançar.

Vivenciado esse início de respiração diafragmática e o relaxamento de cabeça, rosto, pescoço e ombros, passaremos para o exercício respiratório.

Inicialmente inspire lenta e profundamente e sinta a expansão do abdômen. Continue inspirando até preencher com ar todo o pulmão. Sinta a parte superior do tórax preenchida também. Prenda a respiração por alguns segundos, sem se esforçar e sem que fique desconfortável. Expire o ar naturalmente. Quando sentir que esvaziou os pulmões, dê uma leve contraída no abdômen para expulsar todo o ar para fora. Perceba que seu rosto e pescoço devem continuar relaxados. Repita essa respiração de 5 a 10 vezes até perceber que está fazendo-a naturalmente e, principalmente, que está conseguindo aumentar o tempo de cada ciclo de *inspiração-retenção-expiração-retenção*. Faça de 5 a 10 vezes até se habituar com a respiração. Ela tem de ser leve, natural, sem forçar os pulmões ou o diafragma, e sem perder o relaxamento da cabeça, pescoço e ombros. Você sentirá o momento em que o exercício fica "redondo".

Está terminado o exercício respiratório. Você deve esticar as pernas e sentir o seu corpo relaxado.

Este exercício será realizado *sempre* que iniciar a prática do *Neomindfulness®*. Não vou repetir a sequência ao expor os demais passos, por ser absolutamente desnecessário. Caso se esqueça de como deve ser feito, pode voltar a esta página para relê-lo, até que consiga fazê-lo naturalmente.

Exercícios de relaxamento e meditação

Você vai iniciar agora a série de exercícios do *Neomindfulness®*, com foco no relaxamento total do corpo e da mente e na meditação.

Em todos os exercícios você deverá manter uma concentração passiva, ou seja, repetirá formulas mentais que irão provocar respostas físicas no seu corpo, mas você deverá apenas vivenciá-las naturalmente, sem analisar as reações. Deixe tudo fluir, acontecer. Não pense em ter força de vontade para fazer corretamente. Entregue-se passivamente.

Quando você sentir que não está fazendo corretamente um exercício, não se critique, mantenha o relaxamento e a concentração passiva e continue o exercício. Nas primeiras vezes sentirá que nem tudo sairá perfeito como você imaginava ou gostaria. É apenas uma questão de treino e de tempo.

A sequência para realização dos exercícios

Para os iniciantes, cada um dos exercícios deve ser realizado de preferência três vezes ao dia durante toda a semana.

Na semana seguinte, repetirá a sequência já feita e adicionará o novo exercício, e assim por diante. Na última semana estará fazendo a sequência completa. Com mais alguns meses de prática, não precisará mais fazer todos os exercícios. Bastará fazer o exercício de preparação, uma vez que ele é muito importante, e logo depois, ao mentalizar a frase-âncora, entrará em relaxamento profundo e estado de meditação. Essa será a tão prática e desejada autocomutação.

Importante: sugiro que você leia um exercício de cada vez. Não avance na leitura. Controle a curiosidade. Leia sempre a sequência toda até chegar no exercício da vez.

Primeira semana de prática do Neomindfulness®

Começaremos com um novo exercício de respiração. Entretanto, agora ele será feito utilizando "fórmulas verbais", que irão condicionando sua mente e seu corpo para que, no futuro, por meio desse condicionamento, você tenha a auto-comutação, ou seja, entre em relaxamento total, logo ao iniciar o *Neomindfulness*®, utilizando apenas a frase-âncora. (Lembra do capítulo "O pulo do gato"?)

Deitado, com as pernas esticadas, relaxado. Já tendo realizado a sequência de respiração no exercício de preparação, agora você respirará normalmente, como está habituado, sem prender a respiração e sem colocar as mãos sobre o abdômen. Feche os olhos.

Seus braços estarão paralelos ao seu corpo. Suas mãos na melhor posição de relaxamento. O objetivo é que você respire pelo nariz livre e suavemente. Este exercício vai acalmá-lo. Sentirá apenas uma respiração regular, natural, sem interferências. O ar fluirá pelo seu nariz. Sinta a respiração, mas mantendo a concentração passiva, ou seja, não precisa comandá-la. Sinta o prazer de respirar, você é a respiração. O ar entra e sai naturalmente.

Agora você "pensará" na fórmula mental para ir se condicionando a respirar naturalmente com foco no relaxamento e na meditação. Não fale a frase, não mexa os lábios, apenas pense nela. Perceba que uma fórmula sugere que você está calmo e a outra que respira calmamente. A respiração tranquila tem uma série maior de repetições.

Primeiro passo: vivência da respiração

Inicie com o exercício de preparação e depois faça o exercício do primeiro passo: vivência da respiração.

Fórmula mental para a realização do exercício

Iniciando o exercício da primeira semana.

Concentre-se passivamente em:

Estou calmo e tranquilo... tranquilo... tranquilo... (repetir 3 vezes)

Respiro calma e tranquilamente, respiro tranquilamente (repetir entre 5 e 8 vezes, sentindo a respiração fluindo, sentindo o estado de relaxamento).

Estou calmo e tranquilo... tranquilo... tranquilo... (repetir 3 vezes)

Respiro calma e tranquilamente, respiro tranquilamente (repetir entre 5 e 8 vezes, sentindo a respiração fluindo, sentindo o estado de relaxamento).

Estou calmo e tranquilo... tranquilo... tranquilo... (repetir 3 vezes)

Respiro calma e tranquilamente, respiro tranquilamente (repetir entre 5 e 8 vezes, sentindo a respiração fluindo).

Estou calmo e tranquilo... tranquilo... tranquilo... (repetir 3 vezes)

Mantenha foco e atenção apenas na respiração, e sem que você perceba sua mente ficará quieta, tranquila e você estará meditando. Naturalmente.

Meditação

Ao finalizar o exercício de preparação e o exercício de respiração, você estará suficientemente relaxado para entrar em processo de meditação. Relaxamento, ainda que profundo, não pode ser confundido com meditação. Após o término dos exercícios do *Neomindfulness*® coloque novamente foco na sua respiração. Sinta apenas a sua respiração. Não pense em nada. Continue relaxado e respirando. Respire normalmente e você já estará meditando.

O tempo ideal de cada sessão de meditação é de 20 minutos. Não coloque despertador ou qualquer tipo de alarme.

Não peça para alguém bater à porta. Seu relógio interno o alertará em 20 minutos, um pouco mais ou um pouco menos, alguma variação não tem a menor importância.

Faça a meditação e a interrompa quando se sentir "satisfeito". Perceberá que isso vai acontecer em cerca de 20 minutos.

Entretanto, se você tem algum compromisso e não quer correr o risco de perder a hora, sugiro que coloque um radiorrelógio em outro cômodo, em rádio FM, com som muito baixo, para tocar música. Em pouco tempo você não necessitará mais desse tipo de alarme.

É muito comum que "fantasmas" passem pela sua mente. No início do treino para a meditação, é difícil ficar sem pensar em nada. Demorará algum tempo até sua mente se aquietar. Por vezes, nossa mente pula tanto que chega a ser definida como "mente-macaco". Sabendo que isso é comum fica mais fácil de aceitar, não é? Se sua cabeça começar a funcionar, tente manter o corpo relaxado e a respiração em ritmo natural. Volte a prestar atenção na respiração. É provável que sua mente se aquiete e que volte a relaxar.

Proceda da mesma forma se alguém bater à porta, ou se algum som forte o perturbar. Respire, relaxe e volte a meditar. Se mesmo assim não conseguir permanecer relaxado e meditando, pode interromper o exercício a hora que quiser. Depois de alguns dias de treinamento, vai relaxar e meditar com mais facilidade.

O ideal para você ir condicionando sua mente e seu corpo é que essa vivência seja feita pelo menos 3 vezes ao dia.

Ao terminar os exercícios, realizados *durante o dia, você deverá fazer um retrocesso*, ou seja, sair do estado de relaxamento e voltar ao "normal".

O relaxamento e a meditação vão energizá-lo. O retrocesso vai prepará-lo para utilizar toda a energia gerada com os exercícios. É essa energia que vai permitir que você enfrente com mais disposição os desafios do dia a dia.

Como criar "filmes" e objetivos para o seu dia

Os filmes da mente permitem que você "visualize" os caminhos que quer trilhar. São um ótimo instrumento para o desenvolvimento da resiliência e para tratar "as doenças da vida moderna".

Lembre-se de que, quanto mais resiliente você for, mais fácil será superar os obstáculos que estão causando desequilíbrios na sua vida pessoal e profissional.

Você deve entender bem os pontos críticos que necessita tocar, e criar filmes que possibilitem o desenvolvimento da resiliência, para enfrentar cada um deles.

Releia o capítulo sobre filmes da mente e formulação de objetivos. Isto é muito importante para você conseguir potencializar os resultados com a prática do *Neomindfulness®*.

Analise detalhadamente seus "problemas" e crie filmes com suas palavras, com o seu jeito de agir.

Ainda com os olhos fechados:

Flexione com força seus braços.

Feche e abra suas mãos várias vezes.

Junte as palmas das mãos e as esfregue com vigor.

Levante as pernas e as flexione como se estivesse pedalando uma bicicleta.

Respire profundamente e abra os olhos.

Crie agora um filme na sua mente, pense em algo que quer muito que aconteça no seu dia, por exemplo:

Estou preparado e vou "arrasar" na apresentação que farei na reunião de que vou participar.

Vou visitar o cliente X e com certeza vou vender tudo que ele pode comprar de mim.

Vou passar bem o dia, apesar da gripe que me acometeu.

Vou aguentar a pressão do meu chefe sem me estressar como nos últimos dias.

Vou fazer uma reunião e motivar meus subordinados para colocarem mais garra no trabalho para atingirmos as metas.

E assim por diante.

Escolha apenas uma grande ação ou grande desejo por dia. Pense nele com muita intensidade e como um desafio que irá vencer. Você pode repetir os "filmes da mente" nos dias seguintes, ou alternada e indefinidamente, até que sinta que protagonizou o filme, ou seja, que realizou o que planejou com ele.

Fazendo o retrocesso, voltando ao "normal"

Com a movimentação anterior que você fez, o seu corpo já iniciou o processo de volta ao normal.

Ainda deitado movimente novamente, vigorosamente, os braços, junte as mãos e esfregue uma na outra várias vezes. Movimente as pernas como se estivesse pedalando uma bicicleta. Após fazer várias vezes esses movimentos levante-se. Continuará o retrocesso em pé.

Solte os braços, movimente-os e faça o exercício do cachorro molhado. Vou explicar como fazer.

Claro que você já viu um cachorro se chacoalhando ao sair de um banho. Faça como ele, mexa-se com o mesmo vigor, chacoalhe-se todo.

Finalize a movimentação do cachorro molhado após alguns segundos, ou seja, logo após sentir que saiu completamente do estado de relaxamento.

Sinta como você está bem, pense no filme da vida que criou, sinta toda a energia armazenada e a disposição que ela lhe dá. Faça agora uma saudação por tudo o que você tem e pelo "estado de graça" em que se encontra, levante o braço com o punho fechado, dê um soco no ar, como na comemoração de quem marca um gol, e grite *Yesssss!* Se puder gritar, se o ambiente permitir, grite mesmo. Se não permitir, dê no ar o soco mais forte que conseguir e mentalize o *Yesssss!*

Se você for muito cristão poderá substituir o *Yes* por *Jesus*, por exemplo. Pode escolher outra palavra que seja significativa de muita força e energia.

Detalhes muito importantes: o retrocesso é para ser feito no final de todos os exercícios diurnos. Daqui para a frente, não repetirei a forma de fazer o retrocesso. Indicarei apenas o momento de fazê-lo.

Você leu anteriormente que pode escolher realizar três tipos de exercícios noturnos:

A) Antes do jantar, poderá fazer a sequência completa, ou seja, exercício de preparação, exercícios de relaxamento, meditação, filmes da mente e retrocesso.

B) Na hora de dormir, fará a sequência inicial e *não* fará meditação e retrocesso, e aproveitará o relaxamento para dormir. Perceberá que, com muita facilidade, o estado de relaxamento se converterá em sono fisiológico. Como eu já disse anteriormente, você nunca mais terá dificuldades para dormir.

C) A fórmula noturna ideal é juntar as duas anteriores. Fazer a prática completa do *Neomindfulness®* antes do jantar e o relaxamento na hora de dormir.

Segunda semana de prática do Neomindfulness®

Segundo passo: vivência da sensação de peso dos braços

Para manter o grau de relaxamento lembre-se de que não deve falar as frases que compõem as fórmulas mentais; não mexa os lábios, apenas "pense" nelas. O pensar aqui é simbólico, pois você vai descobrindo aos poucos como ter concentração passiva, sem pensar.

A formulação mental agora é para que você continue sentindo-se calmo e tranquilo e tenha a percepção de que seus braços estão ficando pesados e relaxados.

Para quem é destro, a concentração começa com "meu braço direito está pesado"; os canhotos começam com o braço esquerdo.

Após o relaxamento do braço direito, você vai experimentar o relaxamento do braço esquerdo, e depois dos dois braços ao mesmo tempo.

A concentração será sempre passiva. É uma concentração da sua alma e sem o esforço da mente.

Se tiver dificuldade de sentir a sensação de peso, você pode criar uma figura mental de que seu braço parece de chumbo, muito pesado.

É muito comum que nos primeiros exercícios, consequentemente nas primeiras semanas, haja um pouco de dificuldade para chegar à concentração anímica plena. Vários pensamentos passarão pela sua mente. Você poderá ter sensações que o levarão a se distrair, como coceiras, formigamento, dor em algumas partes do corpo e até ansiedade. Schultz chama a isso de "descargas autogênicas", e são normais.

Na Meditação Transcendental as dores são entendidas como "nós que estão sendo desfeitos". São áreas do seu corpo com represamento de energia. Ao relaxar elas são liberadas e isso causa algumas dores locais. Sempre que isso acontecer, você deve manter o exercício, focar na respiração, sentir novamente o estado de relaxamento provocado por ela. A concentração poderá voltar e, como eu disse anteriormente, é provável que sua mente se aquiete, e que você volte a "entrar de cabeça" no relaxamento.

Após algumas semanas de treinamento você vai relaxar com mais facilidade, sem essas turbulências mentais.

O ideal para você ir condicionando sua mente e seu corpo é que pratique os exercícios do *Neomindfulness®* três vezes ao dia.

Fórmula mental para a realização dos exercícios

Iniciando os exercícios da segunda semana

Inicie com o exercício de preparação.

Depois do exercício de preparação, faça por completo o primeiro passo: vivência da respiração, e na sequencia faça o exercício do segundo passo.

Concentre-se passivamente em:

Estou calmo e tranquilo... tranquilo... tranquilo... (repetir 3 vezes).

Respiro calma e tranquilamente, respiro tranquilamente (repetir entre 5 e 8 vezes, sentindo a respiração fluindo, sentindo o estado de relaxamento).

Estou calmo e tranquilo... tranquilo... tranquilo... (repetir 3 vezes).

Respiro calma e tranquilamente, respiro tranquilamente (repetir entre 5 e 8 vezes, sentindo a respiração fluindo, sentindo o estado de relaxamento).

Estou calmo e tranquilo... tranquilo... tranquilo... (repetir 3 vezes).

Faça agora o exercício do segundo passo, que é a vivência da sensação de peso nos braços.

Concentre-se passivamente em:

Sinto meu braço direito pesado, relaxado... pesado, relaxado... (repetir 5 vezes).

Estou calmo e tranquilo... tranquilo... tranquilo... (repetir 3 vezes).

Sinto meu braço esquerdo pesado, relaxado... pesado, relaxado... (repetir 5 vezes).

Estou calmo e tranquilo... tranquilo... tranquilo... (repetir 3 vezes).

Sinto meus braços pesados, relaxados... pesados, relaxados... (repetir 5 vezes).

Estou calmo e tranquilo... tranquilo... tranquilo... (repetir 3 vezes).

Você acaba de realizar o segundo exercício do Neomindfulness®. Lembre-se de que, se estiver realizando os exercícios durante o dia, ou antes do jantar, deverá fazer a meditação e depois o retrocesso. Mas se estiver na cama, realizando o exercício como relaxamento para dormir, não fará o retrocesso nem a meditação.

Meditação

A partir desse momento, você estará suficientemente relaxado para entrar em processo de meditação.

Sinta apenas a sua respiração. Não pense em nada. Continue relaxado e respirando. Respire normalmente e medite. Medite. Deixe sua mente livre e ela por si só entrará em "repouso". Medite por cerca de 20 minutos. Se tiver alguma dúvida, releia o capítulo sobre Meditação.

Lembre-se de que, se sua cabeça começar a funcionar e "fantasmas" aparecerem, você deve manter o corpo relaxado e a respiração em ritmo natural.

É natural que pensamentos surjam na sua mente. Do mesmo jeito que eles vêm, eles vão.

Se mesmo assim não conseguir meditar, pode interromper o relaxamento a hora que quiser.

O ideal para você ir condicionando sua mente e seu corpo é que essa vivência seja feita pelo menos três vezes ao dia, durante uma semana.

Ao terminar os exercícios, realizados durante o dia, você deverá fazer um retrocesso, ou seja, sair do estado de relaxamento e de meditação e voltar ao "normal".

Criar um filme da mente para o seu dia e fazer o retrocesso

Faça a sequência do retrocesso já apresentada no final dos passos anteriores.

Ainda com os olhos fechados:

Flexione com força seus braços.

Feche e abra suas mãos várias vezes.

Junte as palmas das mãos e as esfregue com vigor.

Levante as pernas e as flexione como se estivesse pedalando uma bicicleta.

Respire profundamente e abra os olhos.

Crie agora um filme na sua mente, pense em algo que quer muito que aconteça no seu dia. Levante logo após criar o roteiro para o filme que vai protagonizar naquele dia. Solte os braços, movimente-os e faça o exercício do cachorro molhado.

Após alguns segundos, sentindo que saiu completamente do estado de relaxamento, finalize a movimentação do cachorro molhado, levando o braço com o punho fechado, como na comemoração de quem marca um gol, e grite *Yesssss!*

Ao terminar os exercícios, realizados *durante o dia, você deverá fazer um retrocesso,* ou seja, sair do estado de relaxamento e voltar ao "normal".

O relaxamento e a meditação com certeza vão energizá-lo. O retrocesso vai prepará-lo para utilizar toda a energia gerada com os exercícios. É essa energia que vai permitir que você enfrente com mais disposição os desafios do dia a dia.

Lembre-se:

A) O retrocesso é para ser feito no final de todos os exercícios.

B) Nos exercícios noturnos, o retrocesso não é para ser feito. Aproveite o relaxamento para dormir.

Terceira semana de prática do Neomindfulness®

Terceiro passo: vivência da sensação de peso das pernas e do corpo

Você fez os exercícios anteriores e está com os braços pesados e relaxados. Vai vivenciar agora a sensação de peso das pernas e do seu corpo como um todo.

Para manter o grau de relaxamento em que se encontra, e aprofundá-lo, lembre-se de que não deve falar as frases que compõem as fórmulas mentais; não mexa os lábios, apenas "pense" nelas. A formulação mental agora é para que você continue sentindo-se calmo e tranquilo e tenha a percepção de que seus braços estão pesados e essa sensação de peso inundará suas pernas e seu corpo todo.

Fórmula mental para a realização dos exercícios

Concentre-se passivamente em:

Sinto minha perna direita pesada, relaxada... pesada, relaxada... (repetir 5 vezes)

Sinto minha perna esquerda pesada, relaxada... pesada, relaxada... (repetir 5 vezes)

Sinto minhas pernas pesadas, relaxadas... pesadas, relaxadas... (repetir 5 vezes) *relaxadas...* (repetir 5 vezes)

Sinto meu corpo todo pesado, relaxado... pesado, relaxado... (repetir 5 vezes)

Iniciando os exercícios da terceira semana

Depois do exercício de preparação faça por completo o primeiro passo: vivência da respiração.

Concentre-se passivamente em:

Estou calmo e tranquilo... tranquilo... tranquilo... (repetir 3 vezes).

Respiro calma e tranquilamente, respiro tranquilamente (repetir entre 5 e 8 vezes, sentindo a respiração fluindo, sentindo o estado de relaxamento).

Estou calmo e tranquilo... tranquilo... tranquilo... (repetir 3 vezes).

Respiro calma e tranquilamente, respiro tranquilamente (repetir entre 5 e 8 vezes, sentindo a respiração fluindo, sentindo o estado de relaxamento).

Estou calmo e tranquilo... tranquilo... tranquilo... (repetir 3 vezes).

Faça agora o exercício do segundo passo, que é a vivência da sensação de peso nos braços.

Concentre-se passivamente em:

Sinto meu braço direito pesado, relaxado... pesado, relaxado... (repetir 5 vezes).

Estou calmo e tranquilo... tranquilo... tranquilo... (repetir 3 vezes)

Sinto meu braço esquerdo pesado, relaxado... pesado, relaxado... (repetir 5 vezes).

Estou calmo e tranquilo... tranquilo... tranquilo... (repetir 3 vezes)

Sinto meus braços pesados, relaxados... pesados, relaxados... (repetir 5 vezes).

Estou calmo e tranquilo... tranquilo... tranquilo... (repetir 3 vezes).

Faça agora o exercício do terceiro passo, que é a vivência da sensação de peso das pernas e do corpo.

Concentre-se passivamente em:

Estou calmo e tranquilo... tranquilo... tranquilo... (repetir 3 vezes).

Sinto minha perna direita pesada, relaxada... pesada, relaxada... (repetir 5 vezes).

Estou calmo e tranquilo... tranquilo... tranquilo... (repetir 3 vezes)

Sinto minha perna esquerda, relaxada... pesada, relaxada... (repetir 5 vezes).

Estou calmo e tranquilo... tranquilo... tranquilo... (repetir 3 vezes)

Sinto minhas pernas pesadas, relaxadas... pesadas, relaxadas... (repetir 5 vezes).

Estou calmo e tranquilo... tranquilo... tranquilo... (repetir 3 vezes)

Sinto meus braços e minhas pernas pesadas, relaxadas... pesadas, relaxadas... (repetir 5 vezes).

Estou calmo e tranquilo... tranquilo... tranquilo... (repetir 3 vezes)

Sinto meu corpo todo pesado, relaxado... pesado, relaxado... (repetir 5 vezes).

Estou calmo e tranquilo... tranquilo... tranquilo... (repetir 3 vezes)

Sinto meu corpo todo pesado, relaxado... pesado, relaxado... (repetir 5 vezes).

Estou calmo e tranquilo... tranquilo... tranquilo... (repetir 3 vezes).

Meditação

A partir desse momento, você estará suficientemente relaxado para entrar em processo de meditação. Sinta apenas a sua respiração. Não pense em nada. Continue relaxado e respirando. Respire normalmente e medite.

Lembre-se de que, se sua cabeça começar a funcionar e "fantasmas" aparecerem, você deve manter o corpo relaxado e a respiração em ritmo natural.

Se mesmo assim não conseguir meditar, pode interromper o relaxamento a hora que quiser.

O ideal para você ir condicionando sua mente e seu corpo é que essa vivência seja feita pelo menos 3 vezes ao dia, durante uma semana. Ao terminar os exercícios, realizados durante o dia, você deverá fazer um retrocesso, ou seja, sair do estado de relaxamento e de meditação e voltar ao "normal".

Criar um filme da mente para o seu dia e fazer o retrocesso

Faça a sequência do retrocesso já apresentada no final dos passos anteriores.

Ainda com os olhos fechados:

Flexione com força seus braços.

Feche e abra suas mãos várias vezes.

Junte as palmas das mãos e as esfregue com vigor.

Levante as pernas e as flexione como se estivesse pedalando uma bicicleta.

Respire profundamente e abra os olhos.

Crie agora um filme na sua mente, pense agora em algo que quer muito que aconteça no seu dia.

Levante logo após criar o roteiro para o filme que vai protagonizar naquele dia. Solte os braços, movimente-os e faça o exercício do cachorro molhado.

Após alguns segundos, sentindo que saiu completamente do estado de relaxamento, finalize a movimentação do cachorro molhado, levando o braço com o punho fechado, como na comemoração de quem marca um gol, e grite *Yesssss!*

Ao terminar os exercícios, realizados *durante o dia*, você *deverá fazer um retrocesso*, ou seja, sair do estado de relaxamento e voltar ao "normal".

O relaxamento e a meditação sem dúvida vão energizá-lo. O retrocesso vai prepará-lo para utilizar toda a energia gerada com os exercícios. É essa energia que vai permitir que você enfrente com mais disposição os desafios do dia a dia.

Não se esqueça:

A) O retrocesso é para ser feito no final de todos os exercícios.

B) No último exercício noturno, realizado na cama, o retrocesso não é para ser feito. Aproveite o relaxamento para dormir.

Importante: Sem nenhum esforço ative a percepção sobre seu comportamento. Você já começará a sentir os efeitos do Estado de Atenção Plena, ou seja, do *mindfulness*.

Quarta semana de prática do Neomindfulness®

Quarto passo: vivência do calor corporal

V ocê vai vivenciar agora a sensação de calor corporal. Isso se dará com a concentração da sua mente nos membros que já estão relaxados e pesados, em razão dos exercícios anteriores.

Para manter o grau de relaxamento em que se encontra, e aprofundá-lo, lembre-se dos meus alertas anteriores de não falar as frases que compõem as fórmulas mentais, apenas "pense" nela.

A formulação mental agora é para que você continue sentindo-se calmo e tranquilo e tenha a percepção de que seus braços, pernas e todo o seu corpo estão pesados e relaxados e mornos.

Se tiver dificuldade de sentir a sensação de calor no seu corpo, você pode criar uma figura mental de que está tomando um banho de sol, com o sol bem quente aquecendo seu corpo, ou que está dentro de uma banheira com água quente.

Fórmula mental para a realização dos exercícios

Concentre-se passivamente em:

Sinto meu corpo todo pesado, relaxado e morno... pesado, relaxado e morno... (repetir 5 vezes).

Iniciando os exercícios da quarta semana

Inicie a quarta semana com o exercício de preparação.

Depois do exercício de preparação faça por completo o primeiro passo: vivência da respiração.

Concentre-se passivamente em:

Estou calmo e tranquilo... tranquilo... tranquilo... (repetir a frase 3 vezes).

Respiro calma e tranquilamente, respiro tranquilamente (repetir entre 5 e 8 vezes, sentindo a respiração fluindo, sentindo o estado de relaxamento).

Estou calmo e tranquilo... tranquilo... tranquilo... (repetir 3 vezes)

Respiro calma e tranquilamente, respiro tranquilamente (repetir entre 5 e 8 vezes, sentindo a respiração fluindo, sentindo o estado de relaxamento).

Estou calmo e tranquilo... tranquilo... tranquilo... (repetir 3 vezes).

Faça agora o exercício do segundo passo, que é a vivência da sensação de peso nos braços.

Concentre-se passivamente em:

Sinto meu braço direito pesado, relaxado... pesado, relaxado... (repetir 5 vezes).

Estou calmo e tranquilo... tranquilo... tranquilo... (repetir 3 vezes)

Sinto meu braço esquerdo pesado, relaxado... pesado, relaxado... (repetir 5 vezes).

Estou calmo e tranquilo... tranquilo... tranquilo... (repetir 3 vezes).

Sinto meus braços pesados, relaxados... pesados, relaxados... (repetir 5 vezes).

Estou calmo e tranquilo... tranquilo... tranquilo... (repetir 3 vezes).

Faça agora o exercício do terceiro passo, que é a vivência da sensação de peso das pernas e do corpo.

Concentre-se passivamente em:

Estou calmo e tranquilo... tranquilo... tranquilo... (repetir 3 vezes).

Sinto minha perna direita pesada, relaxada... pesada, relaxada... (repetir 5 vezes).

Estou calmo e tranquilo... tranquilo... tranquilo... (repetir 3 vezes)

Sinto minha perna esquerda pesada, relaxada... pesada, relaxada... (repetir 5 vezes).

Estou calmo e tranquilo... tranquilo... tranquilo... (repetir 3 vezes)

Sinto minhas pernas pesadas, relaxadas... pesadas, relaxadas... (repetir 5 vezes).

Estou calmo e tranquilo... tranquilo... tranquilo... (repetir 3 vezes)

Sinto meus braços e minhas pernas pesados, relaxados... pesados, relaxados... (repetir 5 vezes).

Estou calmo e tranquilo... tranquilo... tranquilo... (repetir 3 vezes).

Sinto meu corpo todo pesado, relaxado... pesado, relaxado... (repetir 5 vezes).

Estou calmo e tranquilo... tranquilo... tranquilo... (repetir 3 vezes).

Faça agora o exercício do quarto passo, que é a vivência da sensação vivência do calor corporal

Concentre-se passivamente em:

Sinto meu corpo todo pesado, relaxado e morno... pesado, relaxado e morno... (repetir 5 vezes).

Estou calmo e tranquilo... tranquilo... tranquilo... (repetir 3 vezes).

Sinto meu corpo todo pesado, relaxado e morno... pesado, relaxado e morno... (repetir 5 vezes).

Estou calmo e tranquilo... tranquilo... tranquilo... (repetir 3 vezes).

Meditação

A partir desse momento, você estará suficientemente relaxado para entrar em processo de meditação. Sinta apenas a sua respiração. Não pense em nada. Continue relaxado e respirando. Respire normalmente e medite.

Lembre-se de que, se sua cabeça começar a funcionar e "fantasmas" aparecerem, deve manter o corpo relaxado e a respiração em ritmo natural.

Se mesmo assim não conseguir meditar, pode interromper o relaxamento a hora que quiser.

O ideal para você ir condicionando sua mente e seu corpo é que essa vivência seja feita pelo menos 3 vezes ao dia, durante uma semana.

Ao terminar os exercícios, realizados durante o dia, você deverá fazer um retrocesso, ou seja, sair do estado de relaxamento e de meditação e voltar ao "normal".

Criar um filme da mente para o seu dia e fazer o retrocesso

Faça a sequência do retrocesso já apresentada no final dos passos anteriores.

Ainda com os olhos fechados:

Flexione com força seus braços.

Feche e abra suas mãos várias vezes.

Junte as palmas das mãos e as esfregue com vigor.

Levante as pernas e as flexione como se estivesse pedalando uma bicicleta.

Respire profundamente e abra os olhos.

Crie agora um filme na sua mente, pense agora em algo que quer muito que aconteça no seu dia.

Levante logo após criar o roteiro para o filme que vai protagonizar naquele dia. Solte os braços, movimente-os e faça o exercício do cachorro molhado.

Após alguns segundos, sentindo que saiu completamente do estado de relaxamento, finalize a movimentação do cachorro molhado, levando o braço com o punho fechado, como na comemoração de quem marca um gol, e grite *Yesssss!*

Ao terminar os exercícios, realizados *durante o dia*, você *deverá fazer um retrocesso*, ou seja, sair do estado de relaxamento e voltar ao "normal".

O relaxamento e a meditação vão energizá-lo. O retrocesso vai prepará-lo para utilizar toda a energia gerada com os exercícios. É essa energia que vai permitir que você enfrente com mais disposição os desafios do dia a dia.

Importante:

A) O retrocesso é para ser feito no final de todos os exercícios.

B) No último exercício noturno, realizado na cama, o retrocesso não é para ser feito. Aproveite o relaxamento para dormir.

Importante: Sem nenhum esforço ative a percepção sobre seu comportamento no dia a dia. Você já começará a sentir os efeitos do Estado de Atenção Plena, ou seja, do *mindfulness*.

QUINTA SEMANA DE PRÁTICA DO NEOMINDFULNESS®

Quinto passo: vivência dos batimentos cardíacos

O coração é vítima dos estados de tensão e estresse. Basta um susto ou uma situação "anormal" para que a gente o sinta batendo na boca. A taquicardia, que é o aceleramento dos batimentos, é muito comum. Todos sabem dos males advindos das arritmias cardíacas, e de outras disfunções do coração.

Apesar de ser um órgão como qualquer outro, nós já o "humanizamos". Quase tudo relacionado com as nossas emoções está associado a ele. Fazemos declarações de amor dizendo "eu te amo com todo o meu coração". Um chefe exigente ou uma pessoa maldosa "não tem coração". Ou então o atleta vence quando usa "toda a força do seu coração". Pessoas tristes ficam com o "coração apertado". Madre Tereza de Calcutá tinha "um coração do tamanho do mundo". "Meu coração é seu", diz o poeta. Diante de um grande problema você pode "pensar com o coração" antes de tomar uma decisão. Os enamorados dizem "eu viajei, mas meu coração ficou aí com você".

Isso tudo mostra como transferimos nossas sensações e emoções para o coração. O próximo exercício do *Neomindfulness*® tem o objetivo de permitir que você tranquilize o seu coração. Você vai aprender a diminuir a influência do psiquismo na atividade cardíaca, fazendo com que ela seja mais regular, uma vez que você estará tranquilo.

Vivenciar os batimentos cardíacos é muito prazeroso. Ao "sentir" o coração bombeando, terá uma agradável percepção da circulação do sangue pelo corpo. Seu corpo pulsará juntamente com os batimentos cardíacos.

Este exercício não tem por objetivo aumentar ou diminuir os batimentos, mas apenas fazer com que eles sejam normalmente tranquilos.

Você vai se concentrar passivamente no coração. Vai "olhar" para ele. Vai senti-lo bater e bombear.

Se ao fazer a vivência dos batimentos cardíacos você tiver dificuldade de "olhar" para o coração e de senti-lo, nas primeiras tentativas poderá colocar a mão direita sobre o coração. Apoie o braço em uma almofada e deite a mão sem esforço sobre o coração. Isso facilitará a percepção do seu funcionamento e dos batimentos.

Em pouco tempo poderá vivenciar o coração sem precisar colocar a mão sobre ele.

Se pelo fato de não estar sentindo o coração, tiver de interromper o exercício para calçar o braço com uma almofada para deitar a mão sobre o coração, terminada essa ação, volte a respirar normalmente, tranquilize-se, concentre-se em "estou calmo e tranquilo", "respiro calma e tranquilamente". Fique por alguns segundos relaxando novamente, sentindo a sua respiração fluir e seu corpo voltar a relaxar e inicie o exercício da vivência do coração.

Fórmula mental para a realização dos exercícios do quinto passo

Concentre-se passivamente em:

Sinto meu coração bater tranquilamente... tranquilamente... (repetir 5 vezes).

Iniciando os exercícios da quinta semana

Depois do exercício de preparação faça por completo o primeiro passo: vivência da respiração.

Concentre-se passivamente em:
Estou calmo e tranquilo... tranquilo... tranquilo... (repetir 3 vezes)

Respiro calma e tranquilamente, respiro tranquilamente (repetir entre 5 e 8 vezes, sentindo a respiração fluindo, sentindo o estado de relaxamento).

Estou calmo e tranquilo... tranquilo... tranquilo... (repetir 3 vezes).

Respiro calma e tranquilamente, respiro tranquilamente (repetir entre 5 e 8 vezes, sentindo a respiração fluindo, sentindo o estado de relaxamento).

Estou calmo e tranquilo... tranquilo... tranquilo... (repetir 3 vezes).

Faça agora o exercício do segundo passo, que é a vivência da sensação de peso nos braços.

Concentre-se passivamente em:

Sinto meu braço direito pesado, relaxado... pesado, relaxado... (repetir 5 vezes).

Estou calmo e tranquilo... tranquilo... tranquilo... (repetir 3 vezes).

Sinto meu braço esquerdo pesado, relaxado... pesado, relaxado... (repetir 5 vezes).

Estou calmo e tranquilo... tranquilo... tranquilo... (repetir 3 vezes).

Sinto meus braços pesados, relaxados... pesados, relaxados... (repetir 5 vezes).

Estou calmo e tranquilo... tranquilo... tranquilo... (repetir 3 vezes).

Faça agora o exercício do terceiro passo, que é a vivência da sensação de peso das pernas e do corpo.

Concentre-se passivamente em:

Sinto minha perna direita pesada, relaxada... pesada, relaxada (repetir 5 vezes).

Estou calmo e tranquilo... tranquilo... tranquilo... (repetir 3 vezes).

Sinto minha perna esquerda pesada, relaxada... pesada, relaxada... (repetir 5 vezes).

Estou calmo e tranquilo... tranquilo... tranquilo... (repetir 3 vezes).

Sinto minhas pernas, pesadas, relaxadas... pesadas, relaxadas... (repetir 5 vezes).

Estou calmo e tranquilo... tranquilo... tranquilo... (repetir 3 vezes).

Sinto meus braços e minhas pernas pesados, relaxados..., pesados, relaxados... (repetir 5 vezes).

Estou calmo e tranquilo... tranquilo... tranquilo... (repetir 3 vezes).

Sinto meu corpo todo pesado, relaxado... pesado, relaxado... (repetir 5 vezes).

Estou calmo e tranquilo... tranquilo... tranquilo... (repetir 3 vezes).

Faça agora o exercício do quarto passo, que é a vivência da sensação do calor corporal

Concentre-se passivamente em:

Sinto meu corpo todo pesado, relaxado e morno... pesado, relaxado e morno... (repetir 5 vezes).

Estou calmo e tranquilo... tranquilo... tranquilo... (repetir 3 vezes).

Faça agora o exercício do quinto passo, que é vivência dos batimentos cardíacos.

Concentre-se passivamente em:

Estou calmo e tranquilo... tranquilo... tranquilo... (repetir 3 vezes).

Sinto meu coração bater tranquilamente... tranquilamente... (repetir 5 vezes).

Estou calmo e tranquilo... tranquilo... tranquilo... (repetir 3 vezes).

Sinto meu coração bater tranquilamente... tranquilamente... (repetir 5 vezes).

Estou calmo e tranquilo... tranquilo... tranquilo... (repetir 3 vezes).

Sinto meu coração bater tranquilamente... tranquilamente... (repetir 5 vezes).

Estou calmo e tranquilo... tranquilo... tranquilo... (repetir 3 vezes).

Meditação

A partir desse momento, você estará suficientemente relaxado para entrar em processo de meditação. Sinta apenas a sua respiração. Não pense em nada. Continue relaxado e respirando. Respire normalmente e medite.

Lembre-se de que, se sua cabeça começar a funcionar e "fantasmas" aparecerem, deve manter o corpo relaxado e a respiração em ritmo natural.

Se mesmo assim não conseguir meditar, pode interromper o relaxamento a hora que quiser. Em pouco tempo essas sensações cessarão e você conseguirá relaxar e meditar naturalmente.

Pratique todos os exercícios pelo menos 3 vezes ao dia, durante uma semana. Isso vai contribuindo para o condicionamento da mente e do corpo.

Ao terminar os exercícios, realizados durante o dia, você deverá fazer um retrocesso, ou seja, sair do estado de relaxamento e de meditação e voltar ao "normal".

Criar um filme da mente para o seu dia e fazer o retrocesso

Faça a sequência do retrocesso já apresentada no final dos passos anteriores.

Ainda com os olhos fechados:

Flexione com força seus braços.

Feche e abra suas mãos várias vezes.

Junte as palmas das mãos e as esfregue com vigor.

Levante as pernas e as flexione como se estivesse pedalando uma bicicleta.

Respire profundamente e abra os olhos.

Crie agora um filme na sua mente, pense agora em algo que quer muito que aconteça no seu dia.

Levante logo após criar o roteiro para o filme que vai protagonizar naquele dia. Solte os braços, movimente-os e faça o exercício do cachorro molhado.

Após alguns segundos, sentindo que saiu completamente do estado de relaxamento, finalize a movimentação do cachorro molhado, levando o braço com o punho fechado, como na comemoração de quem marca um gol, e grite *Yesssss!*

Ao terminar os exercícios, realizados *durante o dia*, você deverá *fazer um retrocesso*, ou seja, sair do estado de relaxamento e voltar ao "normal".

O relaxamento e a meditação vão energizá-lo. O retrocesso vai prepará-lo para utilizar toda a energia gerada com os exercícios. É essa energia que vai permitir que você enfrente com mais disposição os desafios do dia a dia.

Lembre-se:

A) O retrocesso é para ser feito no final de todos os exercícios.

B) No último exercício noturno, realizado na cama, o retrocesso não é para ser feito. Aproveite o relaxamento para dormir.

Importante: Sem nenhum esforço ative a percepção sobre seu comportamento no dia a dia. Você já começará a sentir mais intensamente os efeitos do Estado de Atenção Plena, ou seja, do *mindfulness*.

Sexta semana de prática do Neomindfulness®

Sexto passo: vivência do calor abdominal

A concentração passiva neste exercício será sobre o plexo solar, que fica um pouco acima do umbigo.

Você vai vivenciar uma agradável sensação de calor que se irradia do plexo solar para toda a região abdominal. Isso se dará com a concentração da sua mente nos membros que já estão relaxados e pesados, em razão dos exercícios anteriores.

Para manter o grau de relaxamento em que se encontra, e aprofundá-lo, lembre-se de que não deve falar a frase; tenha uma concentração passiva.

A formulação mental agora é para que você continue sentindo-se calmo e tranquilo e tenha a percepção de que seus braços, pernas e todo o seu corpo estão pesados e relaxados e mornos.

É essa sensação de um calor agradável que você vai vivenciar no plexo solar e que se espalhará pela região abdominal.

A concentração será sempre passiva. É uma concentração da sua alma e sem o esforço da mente.

Se tiver dificuldade de sentir a sensação de calor, você pode criar uma figura mental de que um foco de raios de sol está sobre o plexo solar, e você sente o calor.

Eu já disse anteriormente que é muito comum que nas primeiras semanas haja um pouco de dificuldade para chegar à concentração anímica plena que permita ter todas as percepções.

Sempre que algum pensamento causar distração, você deve manter o exercício, focar na respiração, sentir novamente o estado de relaxamento provocado pela respiração. A concentração poderá voltar.

Pode ter certeza de que, após algumas semanas de treinamento, você vai relaxar com mais facilidade, sem essas turbulências mentais.

Fórmula mental para a realização dos exercícios sexto passo

Concentre-se passivamente em:

Sinto um calor agradável no plexo solar... um calor agradável... um calor agradável... (repetir 5 vezes)

Iniciando a prática dos exercícios da sexta semana

Depois do exercício de preparação, faça por completo o primeiro passo: a vivência da respiração.

Concentre-se passivamente em:
Estou calmo e tranquilo... tranquilo... tranquilo... (repetir 3 vezes).
Respiro calma e tranquilamente, respiro tranquilamente (repetir entre 5 e 8 vezes, sentindo a respiração fluindo, sentindo o estado de relaxamento).
Estou calmo e tranquilo... tranquilo... tranquilo... (repetir 3 vezes).
Respiro calma e tranquilamente, respiro tranquilamente (repetir entre 5 e 8 vezes, sentindo a respiração fluindo, sentindo o estado de relaxamento).
Estou calmo e tranquilo... tranquilo... tranquilo... (repetir 3 vezes).

Faça agora o exercício do segundo passo, que é a vivência da sensação de peso nos braços.

Concentre-se passivamente em:

Estou calmo e tranquilo... tranquilo... tranquilo... (repetir 3 vezes).
Sinto meu braço direito pesado, relaxado... pesado, relaxado... (repetir 5 vezes).

Estou calmo e tranquilo... tranquilo... tranquilo... (repetir 3 vezes).

Sinto meu braço esquerdo pesado, relaxado... pesado, relaxado... (repetir 5 vezes).

Estou calmo e tranquilo... tranquilo... tranquilo... (repetir 3 vezes)

Sinto meus braços pesados, relaxados... pesados, relaxados... (repetir 5 vezes).

Estou calmo e tranquilo... tranquilo... tranquilo... (repetir 3 vezes).

Faça agora o exercício do terceiro passo, que é a vivência da sensação de peso das pernas e do corpo.

Concentre-se passivamente em:

Sinto minha perna direita pesada, relaxada... pesada, relaxada... (repetir 5 vezes).

Estou calmo e tranquilo... tranquilo... tranquilo... (repetir 3 vezes)

Sinto minha perna esquerda pesada, relaxada... pesada, relaxada... (repetir 5 vezes).

Estou calmo e tranquilo... tranquilo... tranquilo... (repetir 3 vezes).

Sinto minhas pernas pesadas, relaxadas... pesadas, relaxadas... (repetir 5 vezes).

Estou calmo e tranquilo... tranquilo... tranquilo... (repetir 3 vezes)

Sinto meus braços e minhas pernas pesados, relaxados... pesados, relaxados... (repetir 5 vezes).

Estou calmo e tranquilo... tranquilo... tranquilo... (repetir 3 vezes).

Sinto meu corpo todo pesado, relaxado... pesado, relaxado... (repetir 5 vezes).

Estou calmo e tranquilo... tranquilo... tranquilo... (repetir 3 vezes).

Faça agora o exercício do quarto passo, que é a vivência da sensação do calor corporal.

Concentre-se passivamente em:

Sinto meu corpo todo pesado, relaxado e morno... pesado, relaxado e morno... (repetir 5 vezes).
Estou calmo e tranquilo... tranquilo... tranquilo... (repetir 3 vezes).

Faça agora o exercício do quinto passo, que é a vivência dos batimentos cardíacos.

Concentre-se passivamente em:

Sinto meu coração bater tranquilamente... tranquilamente... (repetir 5 vezes).
Estou calmo e tranquilo... tranquilo... tranquilo... (repetir 3 vezes).
Sinto meu coração bater tranquilamente... tranquilamente... (repetir 5 vezes).
Estou calmo e tranquilo... tranquilo... tranquilo... (repetir 3 vezes).
Sinto meu coração bater tranquilamente... tranquilamente... (repetir 5 vezes).
Estou calmo e tranquilo... tranquilo... tranquilo... (repetir 3 vezes).

Faça agora o exercício do sexto passo, que é a vivência dos batimentos cardíacos.

Concentre-se passivamente em:

Sinto um calor agradável no plexo solar... um calor agradável... um calor agradável... (repetir 5 vezes).
Estou calmo e tranquilo... tranquilo... tranquilo... (repetir 3 vezes).
Sinto um calor agradável no plexo solar... um calor agradável... um calor agradável... (repetir 5 vezes).
Estou calmo e tranquilo... tranquilo... tranquilo... (repetir 3 vezes).
Sinto um calor agradável no plexo solar... um calor agradável... um calor agradável... (repetir 5 vezes).

Estou calmo e tranquilo... tranquilo... tranquilo... (repetir 3 vezes).

Meditação

A partir desse momento, você estará suficientemente relaxado para entrar em processo de meditação. Sinta apenas a sua respiração. Não pense em nada. Continue relaxado e respirando. Respire normalmente e medite.

Lembre-se de que, se sua cabeça começar a funcionar e "fantasmas" aparecerem, você deve manter o corpo relaxado e a respiração em ritmo natural.

Se mesmo assim não conseguir meditar, pode interromper o relaxamento a hora que quiser. Em pouco tempo essas sensações cessarão e conseguirá relaxar e meditar naturalmente.

Pratique todos os exercícios pelo menos 3 vezes ao dia, durante uma semana. Isso vai contribuindo para o condicionamento da mente e do corpo.

Ao terminar os exercícios, realizados durante o dia, você deverá fazer um retrocesso, ou seja, sair do estado de relaxamento e de meditação e voltar ao "normal".

Criar um filme da mente para o seu dia e fazer o retrocesso

Faça a sequência do retrocesso já apresentada no final dos passos anteriores.

Ainda com os olhos fechados:

Flexione com força seus braços.

Feche e abra suas mãos várias vezes.

Junte as palmas das mãos e as esfregue com vigor.

Levante as pernas e as flexione como se estivesse pedalando uma bicicleta.

Respire profundamente e abra os olhos.

Crie agora um filme na sua mente, pense agora em algo que quer muito que aconteça no seu dia.

Levante logo após criar o roteiro para o filme que vai protagonizar naquele dia. Solte os braços, movimente-os e faça o exercício do cachorro molhado.

Após alguns segundos, sentindo que saiu completamente do estado de relaxamento, finalize a movimentação do cachorro molhado, levando o braço com o punho fechado, como na comemoração de quem marca um gol, e grite *Yesssss!*

Ao terminar os exercícios, realizados *durante o dia*, *você deverá fazer um retrocesso,* ou seja, sair do estado de relaxamento e voltar ao "normal".

O relaxamento e a meditação vão energizá-lo. O retrocesso vai prepará-lo para utilizar toda a energia gerada com os exercícios. É essa energia que vai permitir que você enfrente com mais disposição os desafios do dia a dia.

Não se esqueça:

A) O retrocesso é para ser feito no final de todos os exercícios.

B) No último exercício noturno, realizado na cama, o retrocesso não é para ser feito. Aproveite o relaxamento para dormir.

Importante: sem nenhum esforço ative a percepção sobre seu comportamento no dia a dia. Você já começará a sentir mais intensamente os efeitos do Estado de Atenção Plena, ou seja, do *mindfulness.*

Sétima semana de prática do Neomindfulness®

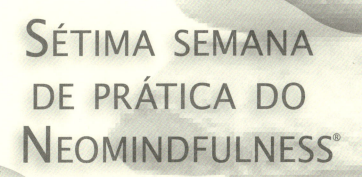

Sétimo passo: vivência na sensação da testa agradavelmente fria

Ao iniciar este exercício, você estará com o corpo todo relaxado, com percepção de peso e calor. Seu coração está batendo tranquilamente e há uma percepção de calor no abdômen.

O último exercício do *Neomindfulness®* é a vivência da percepção da testa agradavelmente fria.

Se tiver dificuldade de ter a percepção de frescor na testa, imagine que tem na sua testa uma toalha felpuda e gostosa, molhada com água fria.

Pode ter certeza de que, após algumas semanas de treinamento, você vai ter a percepção da testa fria sem precisar recorrer a imagens mentais.

Fórmula mental para a realização dos exercícios da sétima semana

Sinto minha testa agradavelmente fria... agradavelmente fria... (repetir 5 vezes).

Iniciando a prática dos exercícios da sétima semana

Depois do exercício de preparação, faça por completo o primeiro passo: a vivência da respiração.

Concentre-se passivamente em:

Estou calmo e tranquilo... tranquilo... tranquilo... (repetir 3 vezes).
Respiro calma e tranquilamente, respiro tranquilamente (repetir entre 5 e 8 vezes, sentindo a respiração fluindo, sentindo o estado de relaxamento).
Estou calmo e tranquilo... tranquilo... tranquilo... (repetir 3 vezes).
Respiro calma e tranquilamente, respiro tranquilamente (repetir entre 5 e 8 vezes, sentindo a respiração fluindo, sentindo o estado de relaxamento).
Estou calmo e tranquilo... tranquilo... tranquilo... (repetir 3 vezes).

Faça agora o exercício do segundo passo, que é a vivência da sensação de peso nos braços.

Concentre-se passivamente em:

Sinto meu braço direito pesado, relaxado... pesado, relaxado... (repetir 5 vezes).
Estou calmo e tranquilo... tranquilo... tranquilo... (repetir 3 vezes)
Sinto meu braço esquerdo pesado, relaxado... pesado, relaxado... (repetir 5 vezes).
Estou calmo e tranquilo... tranquilo... tranquilo... (repetir 3 vezes)
Sinto meus braços pesados, relaxados... pesados, relaxados... (repetir 5 vezes).
Estou calmo e tranquilo... tranquilo... tranquilo... (repetir 3 vezes).

Faça agora o exercício do terceiro passo, que é a vivência da sensação de peso das pernas e do corpo.

Concentre-se passivamente em:

Sinto minha perna direita pesada, relaxada... pesada, relaxada... (repetir 5 vezes).
Estou calmo e tranquilo... tranquilo... tranquilo... (repetir 3 vezes)
Sinto minha perna esquerda pesada, relaxada... pesada, relaxada... (repetir 5 vezes).
Estou calmo e tranquilo... tranquilo... tranquilo... (repetir 3 vezes).
Sinto minhas pernas pesadas, relaxadas... pesadas, relaxadas... (repetir 5 vezes).
Estou calmo e tranquilo... tranquilo... tranquilo... (repetir 3 vezes)
Sinto meus braços e minhas pernas pesados, relaxados... pesados, relaxados... (repetir 5 vezes).
Estou calmo e tranquilo... tranquilo... tranquilo... (repetir 3 vezes).
Sinto meu corpo todo pesado, relaxado... pesado, relaxado... (repetir 5 vezes).
Estou calmo e tranquilo... tranquilo... tranquilo... (repetir 3 vezes).

Faça agora o exercício do quarto passo, que é a vivência da sensação do calor corporal.

Concentre-se passivamente em:

Sinto meu corpo todo pesado, relaxado e morno... pesado, relaxado e morno... (repetir 5 vezes).
Estou calmo e tranquilo... tranquilo... tranquilo... (repetir 3 vezes).

Faça agora o exercício do quinto passo, que é a vivência do calor abdominal, no plexo solar.

Concentre-se passivamente em:

Sinto um calor agradável no plexo solar... um calor agradável... um calor agradável... (repetir 5 vezes).
Estou calmo e tranquilo... tranquilo... tranquilo... (repetir 3 vezes).
Sinto um calor agradável no plexo solar... um calor agradável... um calor agradável... (repetir 5 vezes).
Estou calmo e tranquilo... tranquilo... tranquilo... (repetir 3 vezes).
Sinto um calor agradável no plexo solar... um calor agradável... um calor agradável... (repetir 5 vezes).
Estou calmo e tranquilo... tranquilo... tranquilo... (repetir 3 vezes).

Faça agora o exercício do sexto passo, que é a vivência dos batimentos cardíacos.

Concentre-se passivamente em:

Estou calmo e tranquilo... tranquilo... tranquilo... (repetir 3 vezes).
Sinto meu coração bater tranquilamente... tranquilamente... (repetir 5 vezes).
Estou calmo e tranquilo... tranquilo... tranquilo... (repetir 3 vezes).
Sinto meu coração bater tranquilamente... tranquilamente... (repetir 5 vezes).
Estou calmo e tranquilo... tranquilo... tranquilo... (repetir 3 vezes).
Sinto meu coração bater tranquilamente... tranquilamente... (repetir 5 vezes).
Estou calmo e tranquilo... tranquilo... tranquilo... (repetir 3 vezes).

Faça agora o exercício do sétimo passo, que é a vivência na sensação da testa agradavelmente fria.

Concentre-se passivamente em:
Sinto minha testa agradavelmente fria... agradavelmente fria... (repetir 5 vezes).
Estou calmo e tranquilo... tranquilo... tranquilo... (repetir 3 vezes).
Sinto minha testa agradavelmente fria... agradavelmente fria... (repetir 5 vezes).
Estou calmo e tranquilo... tranquilo... tranquilo... (repetir 3 vezes)

Sinto minha testa agradavelmente fria... agradavelmente fria... (repetir 5 vezes).

Estou calmo e tranquilo... tranquilo... tranquilo... (repetir 3 vezes).

Meditação

Ao concluir o sétimo passo, você estará suficientemente relaxado para meditar. Sinta apenas a sua respiração. Não pense em nada. Continue relaxado e respirando. Respire normalmente e medite.

Se imagens e pensamentos perturbarem sua meditação, pode interrompê-la a hora que quiser. Em pouco tempo essas sensações cessarão e conseguirá relaxar e meditar naturalmente.

Pratique todos os exercícios pelo menos 3 vezes ao dia, durante uma semana.

Ao terminar os exercícios realizados durante o dia, você deverá fazer um retrocesso, ou seja, sair do estado de relaxamento e de meditação e voltar ao "normal".

Criar um filme da mente para o seu dia e fazer o retrocesso

Faça a sequência do retrocesso já apresentada no final dos passos anteriores.

Ainda com os olhos fechados:

Flexione com força seus braços.

Feche e abra suas mãos várias vezes.

Junte as palmas das mãos e as esfregue com vigor.

Levante as pernas e as flexione como se estivesse pedalando uma bicicleta.

Respire profundamente e abra os olhos.

Crie agora um filme na sua mente, pense em algo que quer muito que aconteça no seu dia.

Levante logo após criar o roteiro para o filme que vai protagonizar naquele dia. Solte os braços, movimente-os e faça o exercício do cachorro molhado.

Após alguns segundos, sentindo que saiu completamente do estado de relaxamento, finalize a movimentação do cachorro molhado, levando o braço com o punho fechado, como na comemoração de quem marca um gol, e grite *Yesssss!*

Ao terminar os exercícios, realizados *durante o dia*, você *deverá fazer um retrocesso*, ou seja, sair do estado de relaxamento e voltar ao "normal".

O relaxamento e a meditação vão energizá-lo. O retrocesso vai prepará-lo para utilizar toda a energia gerada com os exercícios. É essa energia que vai permitir que você enfrente com mais disposição os desafios do dia a dia.

Não se esqueça:

A) O retrocesso é para ser feito no final de todos os exercícios.

B) Nos exercícios noturnos o retrocesso não é para ser feito. Aproveite o relaxamento para dormir.

Condicionamento e meditação

Os exercícios completos devem ser praticados e repetidos todos os dias, pelo menos 3 vezes ao dia, pelas próximas 5 semanas. Totalize 12 semanas de treinamento.

Ao término desse período você estará com sua mente e seu corpo condicionados. Esse é o momento em que a autocomutação acontecerá, simplesmente com a prática dos exercícios de preparação e com o uso da frase-âncora. Eu sugiro que a frase-âncora seja apenas "Estou calmo e tranquilo... tranquilo... tranquilo".

Cesário Hosri sugere a concentração na fórmula geral "Meu corpo está pesado e morno, o coração bate tranquilo e normal, respiro tranquilamente, sinto calor radiante nos órgãos abdominais e a fronte agradavelmente fria".

Usando a sequência do *Neomindfulness®*, e já condicionado, após a respiração dos exercícios de preparação, não haverá mais necessidade de repetições dos demais exercícios.

Faça a respiração, use a frase-âncora e você estará também em condições de fazer meditação pelo tempo que desejar. Procure achar períodos do dia em que possa fazer os exercícios preparatórios do *Neomindfulness®* e entrar em relaxamento mais profundo. E, após estar relaxado, dedique o tempo que puder para a meditação. Isso vai fazer toda a diferença na sua vida, para o controle do estresse e das demais doenças da vida moderna, como tratamos nos capítulos iniciais.

Está comprovado cientificamente, principalmente por meio de medições realizadas pelo eletroencefalograma, que a mente entra em estado de "repouso", semelhante ao sono fisiológico, quando estamos meditando. Muitas pessoas conseguem substituir 5 horas de sono por meia hora do relaxamento proporcionado pelo *Neomindfulness*®.

Praticando o Neomindfulness®

A partir de agora você poderá praticar o *Neomindfulness*® onde desejar. Pode ser no seu carro, quando estiver parado em um sinal de trânsito demorado ou em um congestionamento. Até num campo de futebol. Ou na sala de cinema antes de começar o filme.

Se estiver praticando o *Neomindfulness*® em um local mais tranquilo, e isso o levar a um relaxamento mais profundo que o desejável para o momento, faça um breve retrocesso, para voltar ao "normal". Esse retrocesso pode consistir apenas do exercício de flexionar os braços e esfregar as mãos. Se encontrar um local em que possa fazer o "cachorro molhado", faça. Não sugiro que o faça em público, pois os menos avisados poderão achar que está tendo um surto de loucura ou ataque de alguma doença desconhecida (brincadeira minha).

Desejo que pratique o *Neomindfulness*®, *que viva em mindfulness* e que isso contribua para a qualidade da sua vida e para sua plena felicidade. Você vai viver um novo equilíbrio e fora do piloto automático.

Referências

DANUCALOV, Marcello Árias Dias; Simões, Roberto Serafim. *Neurofisiologia da meditação*. São Paulo: Phorte Editora, 2009.

GUPTA, Er.M.K. *Como controlar a mente para ficar livre do stress.* São Paulo: Idea Editora, 2008.

HOSSRI,Cesário Morey. *Treinamento autógeno e equilíbrio psicotônico*. São Paulo: Editora Mestre Jou, 1976.

OSHO. *Aprendendo a silenciar a mente*. Rio de Janeiro: Sextante, 2008.

OSHO. *O que é meditação*. Rio de Janeiro: Ediouro – Sinergia, 2009.

SCHULTZ, Johannes Heinrich. *O treinamento autógeno*. São Paulo: Editora Mestre Jou,1979.